マンガでたのしくわかる!

バスケットボール

西東社

もくじ

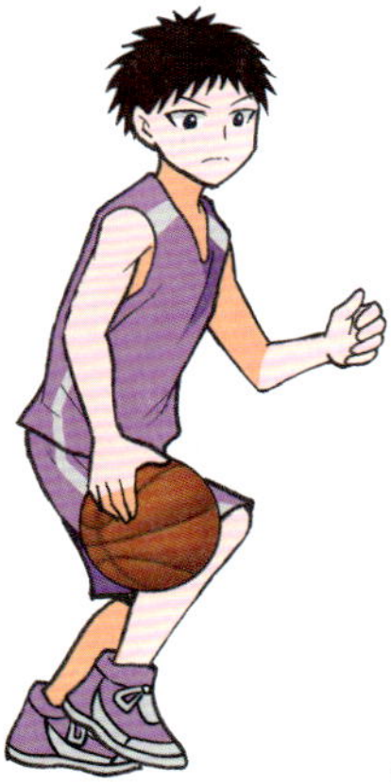

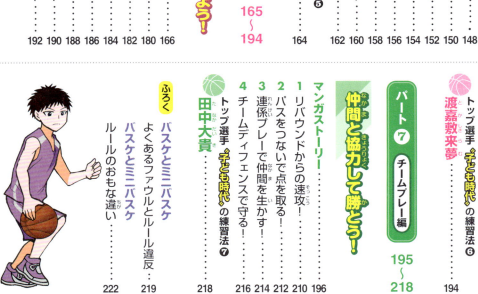

この本の見かた

この本の見かたを解説《かいせつ》。
しっかり読んで上達《じょうたつ》しよう!

実技《じつぎ》ページ

パートごとにシュートやドリブル、パスのしかたや、チームみんなでうまくなる方法も紹介。イラストや解説《かいせつ》を見て、毎日の練習に役立てよう。

うまくなるコツ

なかなかうまくいかないときなどに役立つヒント。コツをつかんでレベルアップしよう！

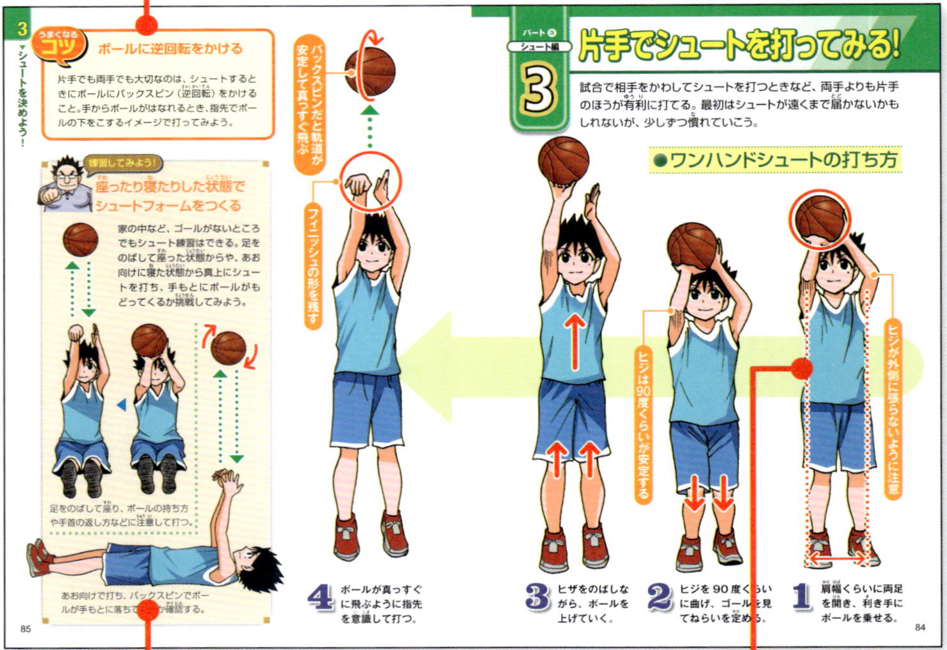
3
▼シュートを決めよう!

うまくなる コツ **ボールに逆回転をかける**

片手でも両手でも大切なのは、シュートするときにボールにバックスピン（逆回転《ぎゃくかいてん》）をかけること。手からボールがはなれるとき、指先でボールの下をこするイメージで打ってみよう。

練習してみよう!

座《すわ》ったり寝《ね》たりした状態《じょうたい》でシュートフォームをつくる

家の中など、ゴールがないところでもシュート練習はできる。足をのばして座《すわ》った状態《じょうたい》からや、あお向けに寝《ね》た状態《じょうたい》から真上にシュートを打ち、手もとにボールがもどってくるか挑戦《ちょうせん》してみよう。

足をのばして座《すわ》り、ボールの持ち方や手首の返し方などに注意《ちゅうい》して打つ。

あお向けで打ち、バックスピンでボールが手もとに落ちて[illegible]か確認《かくにん》する。

バックスピンだと軌道が安定して真っすぐ飛ぶ

フィニッシュの形を残す

85

パート③ シュート編 3

片手でシュートを打ってみる!

試合で相手をかわしてシュートを打つときなど、両手よりも片手のほうが有利《ゆうり》に打てる。最初はシュートが遠くまで届《とど》かないかもしれないが、少しずつ慣《な》れていこう。

●ワンハンドシュートの打ち方

ヒジは90度くらいが安定する

ヒジが外側に張らないように注意

1 肩幅《かたはば》くらいに両足を開《ひら》き、利《き》き手にボールを乗せる。

2 ヒジを90度くらいに曲げ、ゴールを見てねらいを定《さだ》める。

3 ヒザをのばしながら、ボールを上げていく。

4 ボールが真っすぐに飛ぶように指先を意識《いしき》して打つ。

84

練習してみよう

もっとうまくなるための練《れん》習法《しゅうほう》。ひとりで練習してもいいし、チームの仲間と競《きそ》い合っても効果的《こうかてき》だ。

たくさんのイラストでプレーのポイントを紹介。見てマネて、テクニックを身につけていこう。

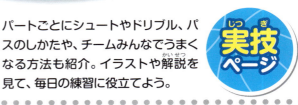

主人公《しゅじんこう》のツバサを中心にしたバケットボールの物語《ものがたり》。読み進めれば、バスケに必要なテクニックやチームプレーが身につく！

マンガページ

ツバサのバスケット成長ストーリー

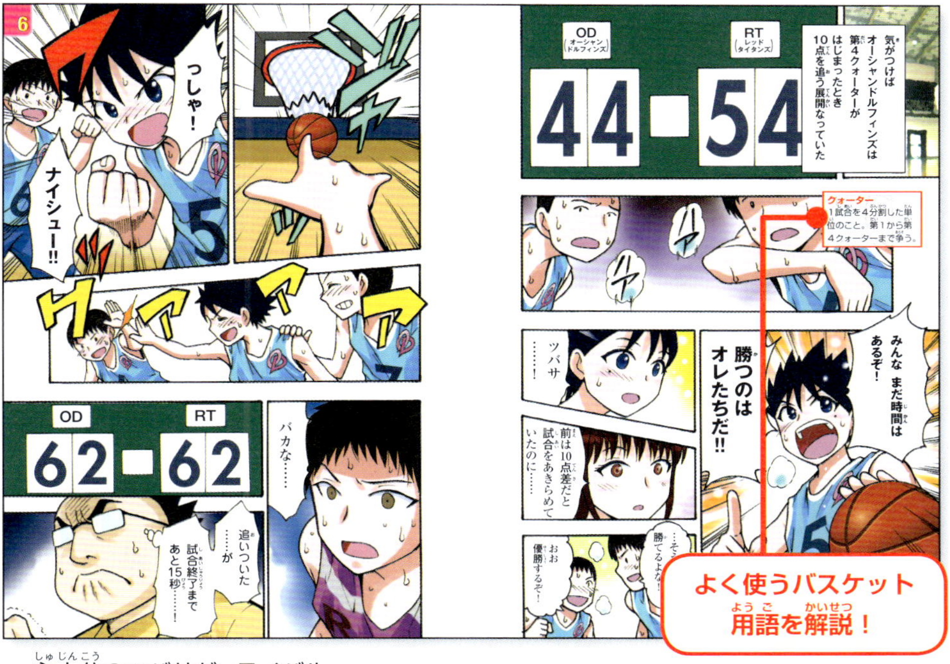

主人公《しゅじんこう》のツバサが、ライバルのクボと競《きそ》い合いながら選手として成長《せいちょう》していく。ツバサの双子《ふたご》の姉・メグや、片思いの女の子・アイコにも注目だ。

実技解説マンガ

マンガに出てくるプレーのポイントを紹介《しょうかい》。実戦《じっせん》で使えるテクニックを覚《おぼ》えよう。

特別《とくべつ》ページ

日本のトップリーグで活躍《かつやく》している選手が、子ども時代のバスケットボールの思い出と、当時実践《じっせん》していた「ためになる」練《れん》習法《しゅうほう》を大公開！

世界でも通用する
日本のトップ選手ばかり！
上達《じょうたつ》するためのヒントを
見つけよう！

トップ選手
“子ども時代”の
練習法①

早い段階《だんかい》で身につけた両手ドリブルの技術《ぎじゅつ》！

NBA《エヌビーエー》でもプレーした
日本屈指《くっし》のスーパーガード！

田臥勇太《たぶせゆうた》
（リンク栃木《とちぎ》ブレックス）

両手《りょうて》が
使《つか》える！
ダム
ダム

僕《ぼく》がバスケットを始《はじ》めたのは小学校2年生ですが、もっと小さいころから水泳《すいえい》やソフトボールをやっていたので、**ボールを扱《あつか》うのに必要な筋肉《きんにく》や体のバランスがいつのまにか備《そな》わっていた**気がします。

でも始《はじ》めてすぐ右ヒジと右肩を大ケガしてしまい、長い間ボールをさわれない状態《じょうたい》がつづいたんです。でも左手は使えるので、**左手1本でボールハンドリングやドリブルをしていました。**そうしたら自然と左手でもボールをつけるようになりました。

左手を自由に使えるようになると、ドリブルの正確《せいかく》さや動き、スピードに違《ちが》いが出ました。みんなも、**なるべく逆《ぎゃく》の手（右利《き》きなら左手）でボールをさわって、早めに慣《な》れておく**といいと思います。

ガードとして本格的《ほんかくてき》にプレーを始《はじ》めたのは小学校5年生のころからです。「自分でどんどん得点を取る」だけでなく、**「得点につながるいいパスを仲間《なかま》に出したい」**という思いが強くなったんです。今でもそのときの気持ちのままプレーしています。

この本で活躍《かつやく》するおもな登場人物

日高《ひだか》 愛子《あいこ》
中久保《なかくぼ》 剛《つよし》
清水《しみず》 英雄《ひでお》
飛田《とびた》 恵《めぐみ》
飛田《とびた》 翼《つばさ》

パート
1

スタート編

バスケを始《はじ》めよう！

ポイント

バスケを始《はじ》めるために、まずはボールにたくさんふれて、その大《おお》きさや重《おも》さ、かたさなどの感《かん》覚《かく》をつかむことが大《たい》切《せつ》だ。体《からだ》を動《うご》かしたり、ボールハンドリングしながらボールに慣《な》れていこう！

4月《がつ》——
ダム
ダム
ダム
ダム
キュキュッ
練《れん》習《しゅう》試《じ》合《あい》
オーシャンドルフィンズ
VS
レッドタイタンズ
ワッ
ワッ

飛《と》田《た》翼《つばさ》
通《つう》称《しょう》「ツバサ」
オーシャンドルフィンズのスモールフォワード
うおおおおお！
速《はや》いっ！
ダンッ
それに高《たか》い！
もらったあああ！

これは決《き》まっ……
ああ!
グン!
またブロックされた!
クッ……

中《なか》久《く》保《ぼ》剛《つよし》
通称《つうしょう》「クボ」
ツバサの幼《おさな》なじみ
レッドタイタンズのキャプテンでセンター
この程度《ていど》か
な……
なんだと!
くくそ…
ふん
キュキュッ

今度《こんど》こそ……っ!
ヌッ
くそっ!
もうオレの相手《あいて》には
ならねぇな

RT
(レッドタイタンズ)
OD
(オーシャンドルフィンズ)
52 - 62
残《のこ》り5分《ふん》で10点《てん》差《さ》か
ツバサもあの調子《ちょうし》だし結構《けっこう》キツいなあ
ハァ
ハァ
ハァハァ
運動量《うんどうりょう》が明《あき》らかに落《お》ちてる……
またツバサの悪《わる》いクセが出《で》た
飛田《とびた》恵《めぐみ》 通称《つうしょう》「メグ」
ツバサの双子《ふたご》の姉《あね》
オーシャンドルフィンズ
女子《じょし》チームのキャプテンでセンター
試《し》合《あい》終《しゅう》了《りょう》！

清水英雄《しみずひでお》
オーシャンドルフィンズ監督《かんとく》
クボ……うまくなったと聞《き》いていたがここまでとは
うーむ
昔《むかし》うちのチームにいたころはツバサの方《ほう》が上《うえ》だったが……
完全《かんぜん》に負《ま》けたなツバサ
ハアッ
ハアッ
くそっ
ガン
あんな強《つよ》くちゃ勝《か》てるわけねえよ……!
キャッ
キャッ
でも背《せ》が低《ひく》いのがなあ
ねえアイコはどう思《おも》う？ツバサくんのこと
アイコちゃん……!!

日高愛子《ひだかあいこ》　通称《つうしょう》「アイコ」
オーシャンドルフィンズ
女子《じょし》チームのポイントガード
ツバサくんは……
ドキドキドキドキ
全然《ぜんぜん》ダメね
才能《さいのう》はあるのに基礎《きそ》をバカにしてる
ゴン
なにより相手《あいて》が強《つよ》いと試合《しあい》をあきらめるのはスポーツ選手《せんしゅ》として失格《しっかく》ね
それよりレッドタイタンズのクボくんはすごくうまいと思《おも》うわ
なっ……!
ちょっとアイコバスケの話《はなし》じゃないって!
キャーー
恋《こい》バナよ恋《こい》バナ!

はあ
はあ
なんで今《いま》さらボールハンドリングなんかやってんだよ
基本《きほん》を毎日《まいにち》確認《かくにん》するのは当然《とうぜん》よ！
基本《きほん》ばっかりやってたって試合《しあい》には勝《か》てねぇ……
はっ

チェック！ ボールハンドリング

▷26ページへ

両足《りょうあし》の間《あいだ》で8の字《じ》を描《えが》く

前後《ぜんご》に足《あし》を入《い》れかえて通《とお》す

なんだよ このボールさばきは……
はっ
はっ
メグが基礎練《きそれん》に力《ちから》を入《い》れてるのは知《し》ってたけど
こんなにうまくなってたのか……
それよりツバサ！今日《きょう》の試合《しあい》でも、また悪《わる》いクセが出《で》たわね！
10点差《てんさ》つけられた時点《じてん》であきらめたでしょ！
ったく 才能《さいのう》はあるのにかんたんに勝負《しょうぶ》を投《な》げ出《だ》して……！
う うるさいな……
飛田
基本《きほん》よ！
基本《きほん》を見直《みなお》さない限《かぎ》りまたクボに負《ま》けるわ！
カチン
基本《きほん》ぐらいできてるよ！

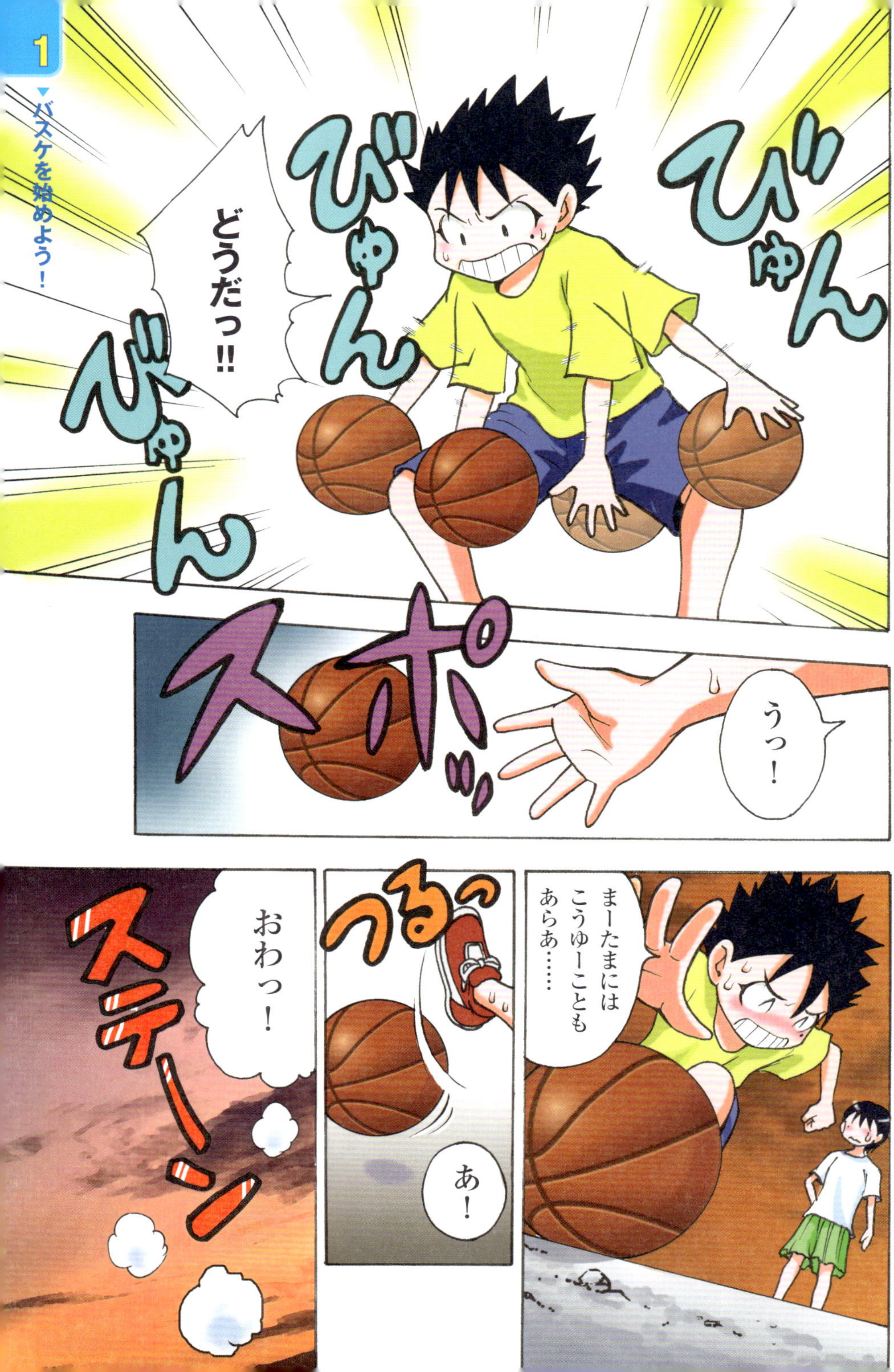
びゅん
びゅん
びゅん
どうだっ!!
スポッ
うっ！
まーたまにはこうゆーこともあらあ……
あ！
つるっ
おわっ！
ステーン

…っっ〜〜〜〜
ちょっと大丈夫《だいじょうぶ》!?
もう オレの相手《あいて》にはならねぇな
ツバサくんは全然《ぜんぜん》ダメね 才能《さいのう》はあるのに基礎《きそ》をバカにしてる

……決《き》めた
基礎練《きそれん》をやりまくってクボに勝《か》つ……
そしてアイコちゃんをゲットする……！
やってやる〜〜〜っっ!!
ドドド……
…打《う》ちどころが悪《わる》かったかしら？

パート❶
スタート編

1 ボールに慣《な》れよう!

バスケットボールがうまくなるためには、大きなボールを思いどおりに手であつかえるようになることが大切。まずは、ボールにさわったり、投げ合ったりしながらボールに慣《な》れていこう。

●ボールにさわって大きさや感《かん》触《しょく》を確《たし》かめる

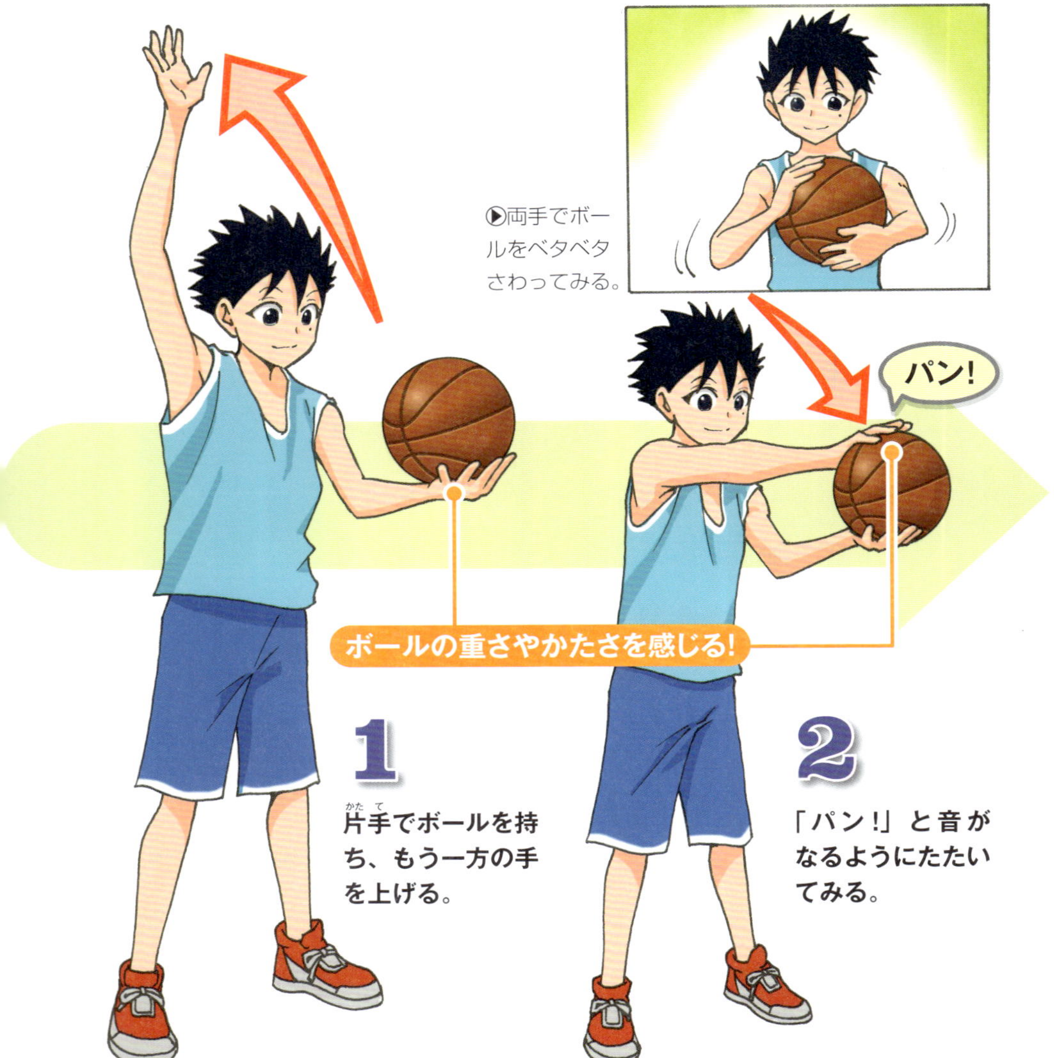
パン!
ボールの重さやかたさを感じる!

▶両手でボールをベタベタさわってみる。

1

片《かた》手《て》でボールを持ち、もう一方の手を上げる。

2

「パン!」と音がなるようにたたいてみる。

ボールを投げたりキャッチしてみる

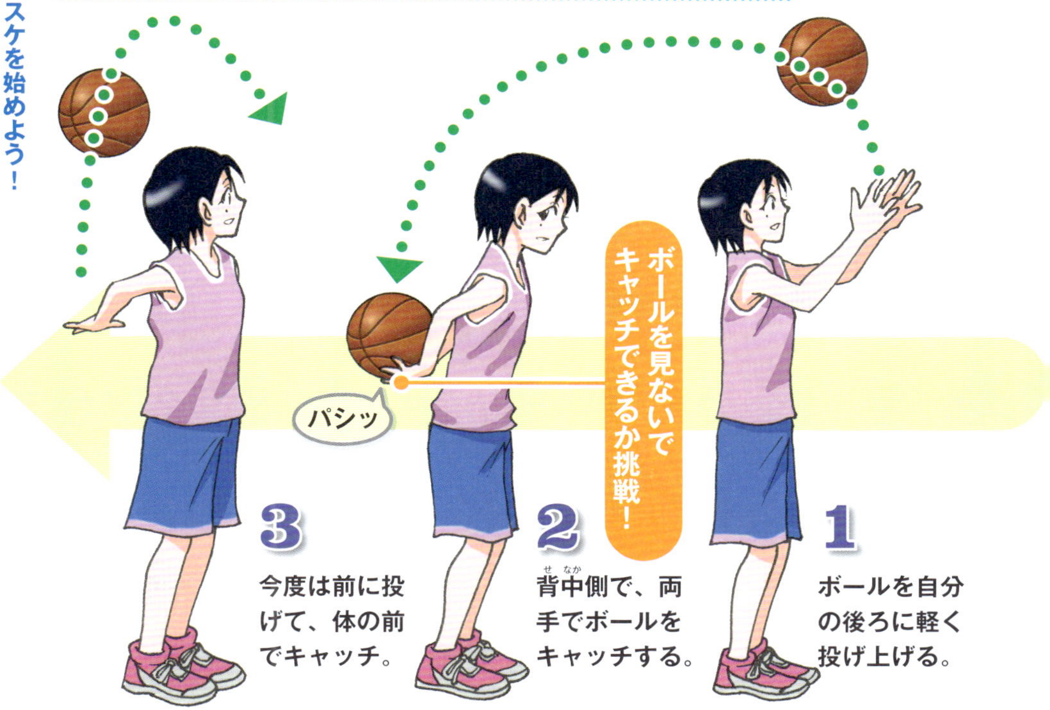
ボールを見ないでキャッチできるか挑戦!
パシッ

1
ボールを自分の後ろに軽く投げ上げる。

2
背中《せなか》側で、両手でボールをキャッチする。

3
今度は前に投げて、体の前でキャッチ。

2人でボールを投げ合う

両手を使ってボールを相手に投げ、相手も両手でボールをキャッチしてみよう。

指を開いて手のひらをボールに向ける!

▼指先をボールに向けると、つき指をするので注意《ちゅうい》。

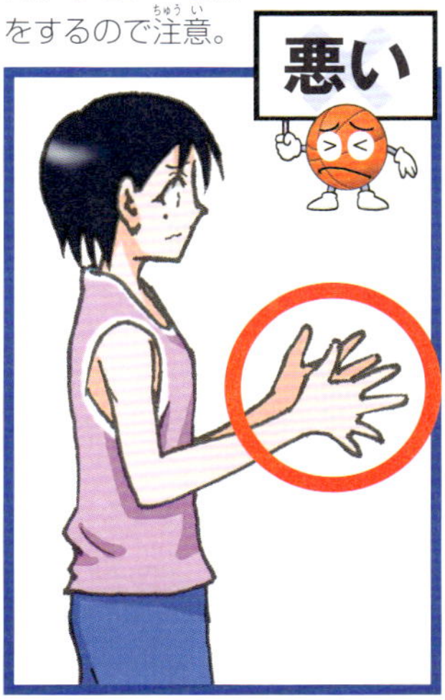
悪い

パート1
スタート編

2 ボールをはじく・回す!

ボールをうまくあつかうための近道は、指を意識《いしき》して使うこと。手のひらをべったりとボールにつけるのではなく、両手それぞれ5本の指先を使って、ボールを動かすようにしてみよう。

●指先でボールをはじきながら動かす

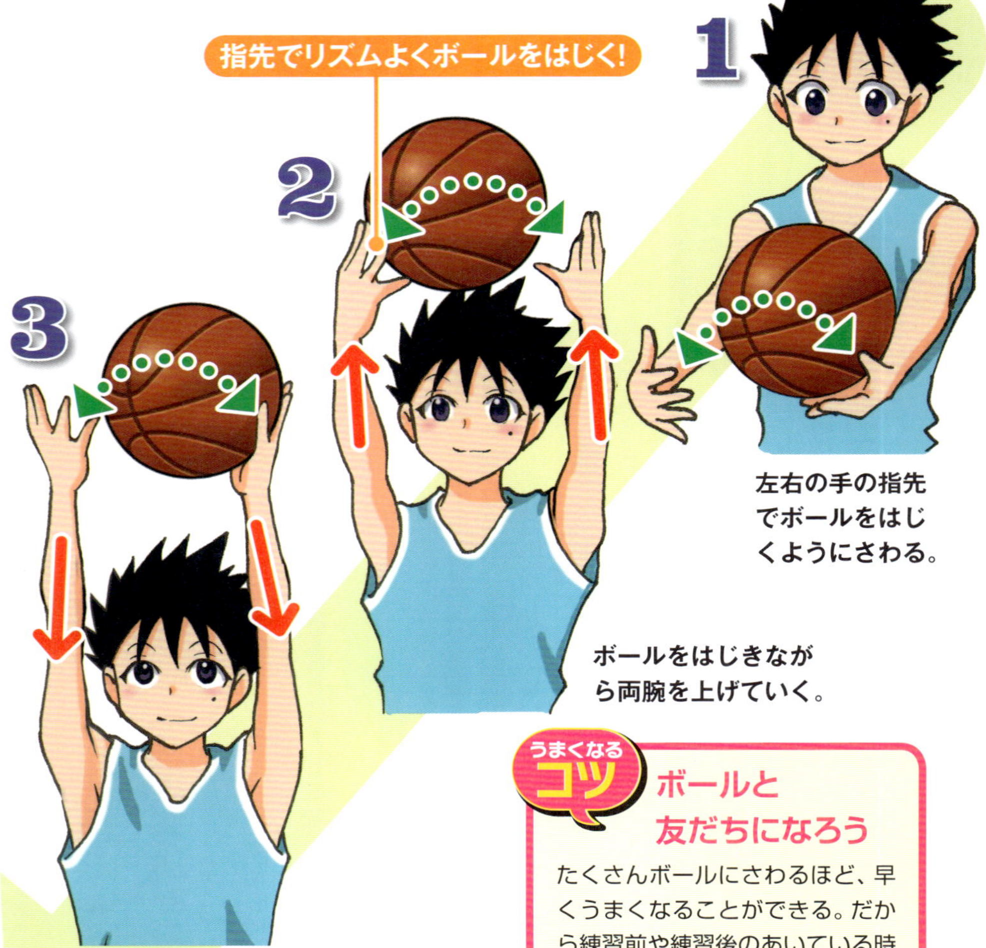

指先でリズムよくボールをはじく!
1
2
3

1 左右の手の指先でボールをはじくようにさわる。

2 ボールをはじきながら両腕を上げていく。

3 頭の上まできたら今度は両腕を下げていく。

うまくなるコツ ボールと友だちになろう

たくさんボールにさわるほど、早くうまくなることができる。だから練習前や練習後のあいている時間を使って、ボールと友だちになる気持ちでくり返そう。

ボールを指の上で回す

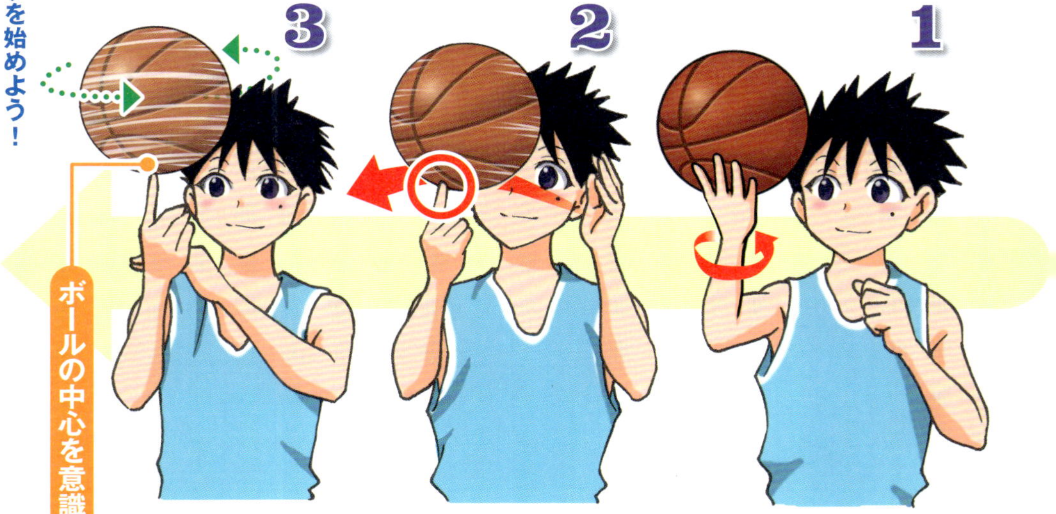

1 ボールを持って手首を内側にひねってボールを回す。

2 ボールを人差し指にのせて逆《ぎゃく》の手ですばやく回す。

3 回転が弱くなったら、再び回していきおいをつける。

手のひらと甲《こう》でボールを回す

1 手の甲《こう》にボールをのせて安定させる。

2 手で円を描《えが》くようにボールをすばやく回す。

3 最後に指先でボールを受けるように止める。

パート❶
スタート編

3 ボールハンドリングしよう①

立った状態《じょうたい》ではなく、中腰《ちゅうごし》になったり片足を上げたりしながらボールを動かすことで、いろいろな体勢《たいせい》でボールコントロールする力がつく。ヒザをやわらかく使い、体全体でボールを動かそう。

●両足の間で8の字を描《えが》くように動かす

1

軽くヒザを曲げた状態《じょうたい》で右手でボールを持つ。

2
上半身が前かがみにならないように！

両足の間にボールを動かし、後ろに回した左手で受ける。

3

後ろから左手でボールを前にもってくる。反対側でも行い、8の字を描《えが》くように、ボールを回す。

うまくなるコツ

なるべくボールを見ない！

最初はボールを見ながらでもかまわないけど、少しずつボールから目をはなしてでもできるように挑《ちょう》戦《せん》していこう。

●片足を交互《こうご》に上げてボールを通す

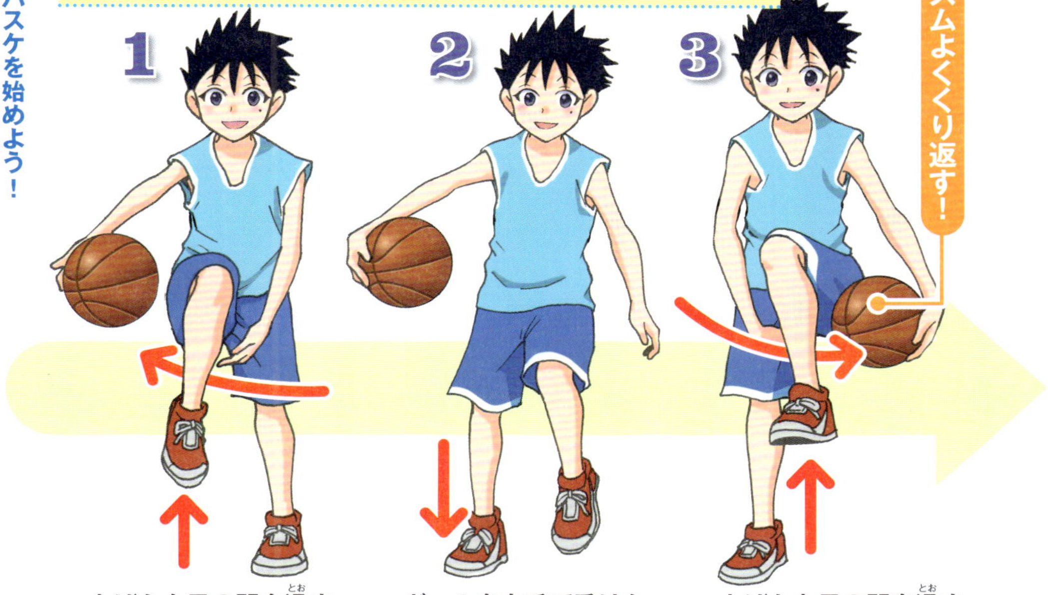

上げた右足の間を通《とお》すようにボール移動《いどう》（左手から右手へ）。

ボールを右手で受けながら左足を上げる準備《じゅんび》。

上げた左足の間を通《とお》すようにボール移動《いどう》（右手から左手へ）。

●両足の間で前後にキャッチ

両足の間で両手でボールを持つ。

ボールが少し後ろへ移《い》動《どう》するようにはなす。

すばやく両手を後ろに回してキャッチする。

パート❶
スタート編

4 ボールハンドリングしよう②

ボールをいろいろな方向にすばやく動《うご》かしたり、体のまわりを回してみよう。ボールハンドリング技術《ぎじゅつ》を学ぶことで、自分が思うプレーをしながら相手にボールを取られない技術《ぎじゅつ》も身につく。

●腰《こし》のまわりでボールを動かす

うまくなるコツ
時間を決めて競争《きょうそう》してみよう!

ボールハンドリングは、1人でマイペースにやるのもいいが、慣《な》れてきたら仲間《なかま》と競争《きょうそう》してみよう。最初は10秒間で何回ボールを回せるかなどで勝負《しょうぶ》だ。

1
ボールを腰《こし》のあたりに片手《かたて》で持つ。
2
ボールを背中《せなか》に回して逆《ぎゃく》の手に持ちかえる。
すばやく逆の手で受ける!
3
リズムよく回しつづける!
背中から回しながら前に持ってくる。

●頭のまわりでボールを動かす

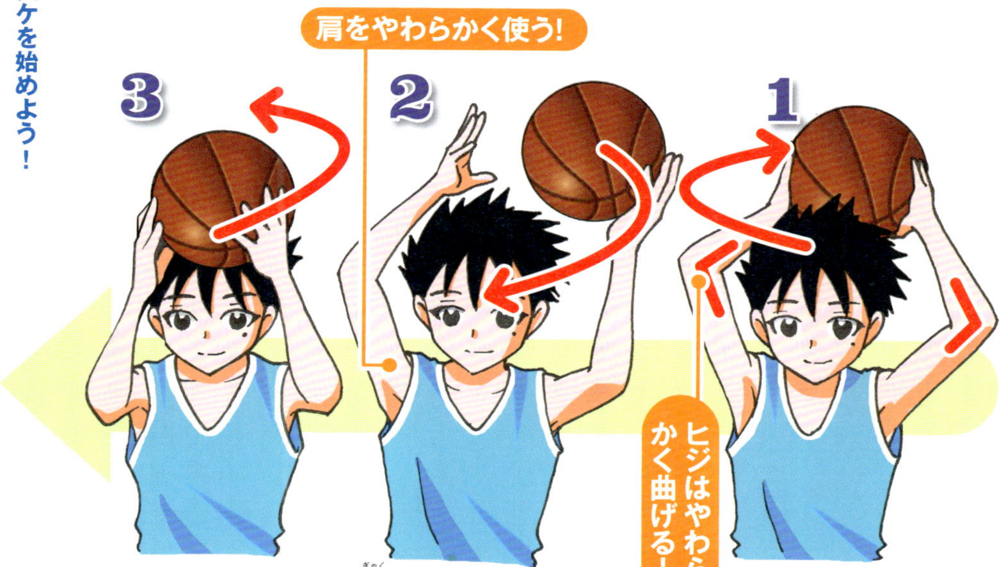
肩をやわらかく使う!
3
2
1
ヒジはやわらかく曲げる！

1 ボールを頭のうしろに回す。

2 逆《ぎゃく》の手に持ちかえて前に持ってくる。

3 頭の前にきたら今度は逆《ぎゃく》に回す。

●ヒザのまわりでボールを動かす

3
2
1

1 中《ちゅう》腰《ごし》でヒザの前から後ろへボールを回す。

2 逆《ぎゃく》の手にボールを持ちかえてヒザの前へ。

3 ヒザの前に持ってきたら今度は逆《ぎゃく》に回す。

トップ選手"子ども時代"の練習法①

早い段《だん》階《かい》で身につけた両手ドリブルの技《ぎ》術《じゅつ》！

僕《ぼく》がバスケットを始《はじ》めたのは小学校2年生ですが、もっと小さいころから水泳《すいえい》やソフトボールをやっていたので、**ボールを扱《あつか》うのに必要な筋肉《きんにく》や体のバランスがいつのまにか備《そな》わっていた**気がします。

でも始《はじ》めてすぐ右ヒジと右肩を大ケガしてしまい、長い間ボールをさわれない状態《じょうたい》がつづいたんです。でも左手は使えるので、**左手1本でボールハンドリングやドリブルをしていました。**そうしたら自然と左手でもボールをつけるようになりました。

左手を自由に使えるようになると、ドリブルの正確《せいかく》さや動き、スピードに違《ちが》いが出ました。みんなも、**なるべく逆《ぎゃく》の手(右利《き》きなら左手)でボールをさわって、早めに慣《な》れておく**といいと思います。

ガードとして本格的《ほんかくてき》にプレーを始《はじ》めたのは小学校5年生のころからです。「自分でどんどん得点を取る」だけでなく、**「得点につながるいいパスを仲間《なかま》に出したい」**という思いが強くなったんです。今でもそのときの気持ちのままプレーしています。

NBA《エヌビーエー》でもプレーした日本屈指《くっし》のスーパーガード！

田臥勇太《たぶせゆうた》
(リンク栃木《とちぎ》ブレックス)

パート 2

ドリブル編

ボールを運《はこ》ぼう！

ポイント

ドリブルはボールを床《ゆか》につきながら運《はこ》ぶテクニックだ。前《まえ》に進《すす》むだけでなく、横《よこ》や後《うし》ろへ下《さ》がるドリブル、フェイントで相《あい》手《て》をかわすドリブルなど、試合の状況に合《あ》わせて使《つか》い分《わ》けられるようになろう！

練習試合《れんしゅうじあい》の翌日《よくじつ》——
シュ
いくよー
バム
さーい
シュ
バムッ
よし！ 今日《きょう》は
もうすぐ始《はじ》まる
大会《たいかい》に向《む》けて
紅白戦《こうはくせん》を行《おこな》う！

はい！
監督《かんとく》！
オレ もうちょっと基礎《きそ》練《れん》していていいですか？
どよっ
ええっっっっ!?
ツバサくんが基礎《きそ》……？
おい 明日《あした》は嵐《あらし》になるぞ
いや 世界《せかい》が滅《ほろ》ぶってことも……
ザワ ザワ
そうか…ついに基礎《きそ》の大切《たいせつ》さに気《き》づいたか……！
よし！ 全日本時代《ぜんにっぽんじだい》〝基礎《きそ》の鬼《おに》〟と呼《よ》ばれたオレがみっちり教《おし》えてやろう！

べ 別《べつ》に いーよ！
ほかの者《もの》たちは紅白戦《こうはくせん》だ！
はい！
よし！ドリブルしてみろ
いいって言《い》ってんのに……
ダム
ダム
ちがーう！
もっとヒザを曲《ま》げて腰《こし》を落《お》とす！
相手《あいて》の動《うご》きが見《み》えるように顔《かお》を上《あ》げてボールをつく！
グイ
グイ
グイイ
もっと低《ひく》くだ！
いてててて……！

チェック! ドリブルの基本姿勢《きほんしせい》

▶46ページへ

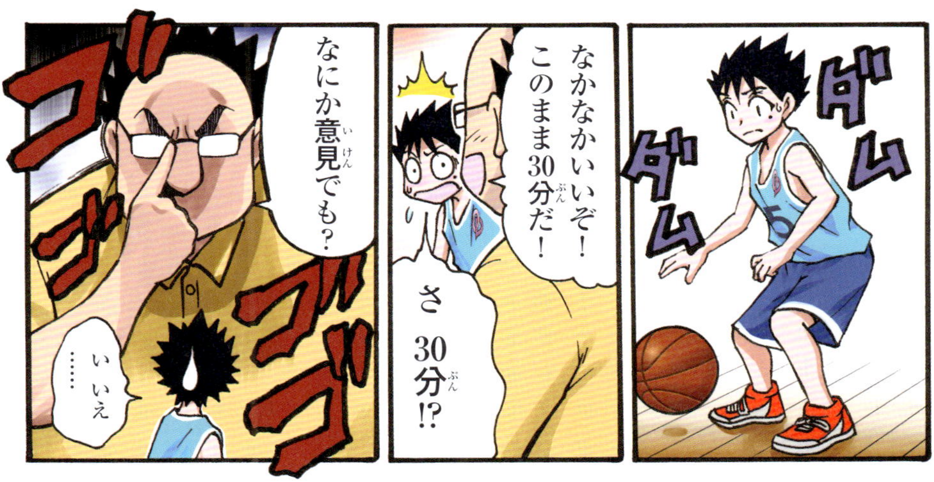

ハァ
30分《ぶん》後《ご》
ハァ
パシッ
シュッ
おお アイコちゃん!
ナイッシュー!

さすが アイコちゃん!
キレイな フォームだ……
待《ま》っててよ! 基礎《きそ》ぐらい すぐ完璧《かんぺき》にマスターして クボなんかよりイケてる 選手《せんしゅ》になるから……!
ツ・バ・サ なにを よそ見《み》しとるか!
ビクッ
ゴゴゴゴ
す すみませぇぇん ……!

同《おな》じ日《ひ》の夕方《ゆうがた》——
みっちり しごかれたみたいね
なんだよ ついてきたのかよ
私《わたし》はいつも この公園《こうえん》で 練習《れんしゅう》してるのよ
ジャマするなよな
あんたこそ

チェック! ボールを強《つよ》く低《ひく》くつくことのメリット

▶48ページへ

ふぅ！
さすがに1時間《じかん》もドリブルばっかりやってると疲《つか》れるな……
お前《まえ》が基礎練《きそれん》とはな……！
クボ……！
ボール返《かえ》せよ
返《かえ》してほしけりゃうばってみろよ
ダムッ
パスだ！
クルッ

させるかっ！
し……しまった！
バウンズパス……
するどい！
ツバサを引《ひ》きつけて仲間《なかま》をフリーにさせたのね！
バウンズパス
ボールをコートにバウンドさせるパス。
打《う》たせるか！

パシッ
えっ!?
シュッ
ザッ
くそっ……
今度《こんど》はこっちの番《ばん》だ!
コイツ……こんなに低《ひく》い姿勢《しせい》でドリブルしてたっけ?

2

チェック! バックビハインド

▶60ページへ

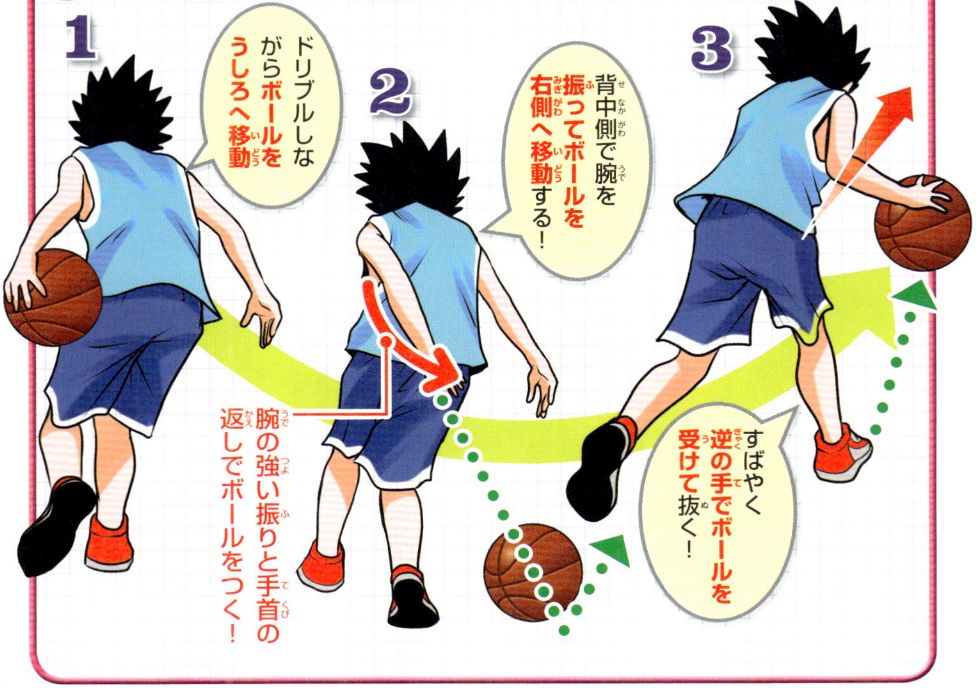

タタタ
あのころ……
よっしゃ!
オレはどんなに努力《どりょく》してもツバサに勝《か》てなかった
だが 引《ひ》っ越《こ》してチームが変《か》わったあともオレは努力《どりょく》し続《つづ》けたんだ
ツバサ パス!
フォローなんかいらねえ!

うおおおっ！
お前《まえ》は……
バスケがどういうスポーツかまったくわかっていない
今《いま》のお前《まえ》にはオレは絶対《ぜったい》に負《ま》けない
行《い》こうぜ
ああ
ど　どういうことだよ……！

パート❷
ドリブル編

1 ドリブルの基本《きほん》姿勢《しせい》!

バスケットではボールを持ったまま3歩以上歩くことができない。ボールを床《ゆか》につく「ドリブル」をしながら移動《いどう》することになるので、まずはドリブルの基本姿勢《きほんしせい》を覚《おぼ》えよう。

●正面から見たドリブルの基本姿勢《きほんしせい》

低い姿勢《しせい》で顔を上げ、半身《はんみ》になってボールをつこう。

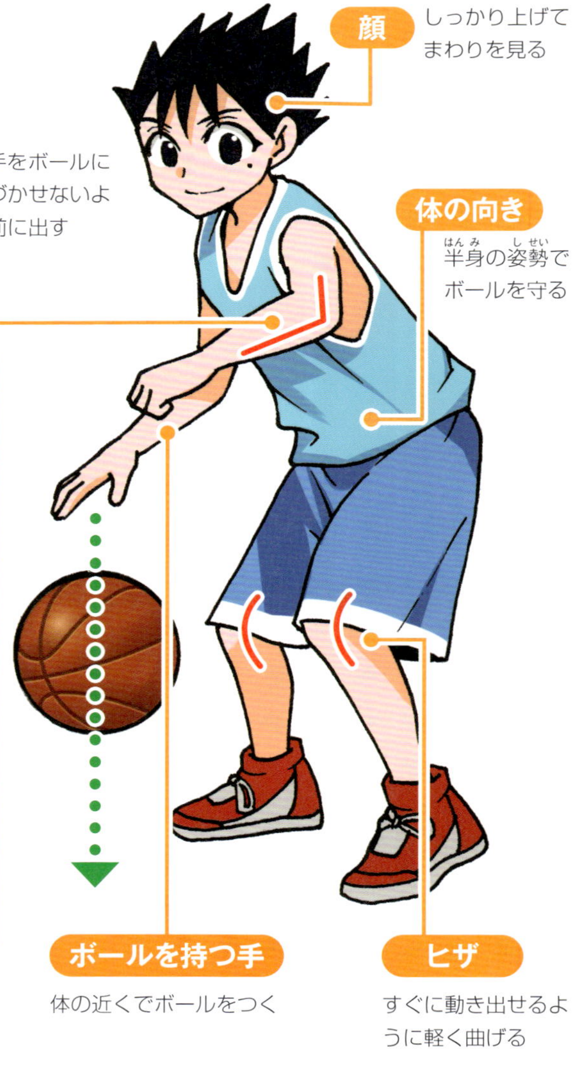
顔
しっかり上げてまわりを見る
ボールを持たない手
相手をボールに近づかせないよう前に出す
体の向き
半身《はんみ》の姿勢《しせい》でボールを守る
ボールを持つ手
体の近くでボールをつく
ヒザ
すぐに動き出せるように軽く曲げる

悪い

▲棒立《ぼうだ》ちだとすぐに動き出せない。また、ボールを体の前でつくと相手に取られやすいので注意《ちゅうい》しよう。

横から見たドリブルの基本姿勢《きほんしせい》

下半身を安定させ、手のひらではなく指先《ゆびさき》を意識《いしき》してボールをつく。

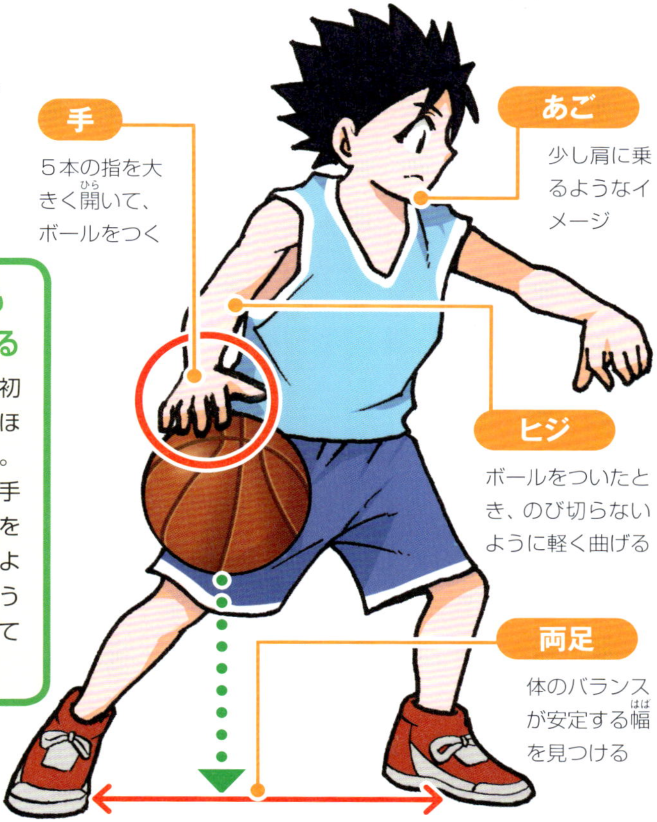
手
5本の指を大きく開《ひら》いて、ボールをつく
あご
少し肩に乗るようなイメージ
ヒジ
ボールをついたとき、のび切らないように軽く曲げる
両足
体のバランスが安定する幅《はば》を見つける

うまくなるコツ 逆《ぎゃく》の手でもドリブルする

右利《き》きなら、やはり最初は右手でドリブルするほうがうまくいくだろう。しかし、少しずつ逆《ぎゃく》の手でもボールをつく練習をして、両方の手で同じようにドリブルできるようにしてレベルアップしていこう。

練習してみよう！ 自分《じぶん》のドリブルする姿《すがた》を見てみよう

ドリブルする自分の姿勢《しせい》が、どうなっているかはなかなかわからない。そこで大きな鏡《かがみ》やガラスの前に立ってドリブルし、いろいろな角度《かくど》から姿勢《しせい》の確認《かくにん》をしてみよう。また、携《けい》帯《たい》のカメラやビデオカメラで、撮影《さつえい》してもらうのもおすすめだ。

自分の姿《すがた》を確認《かくにん》し、自分で問題点を探《さが》すことが大切。

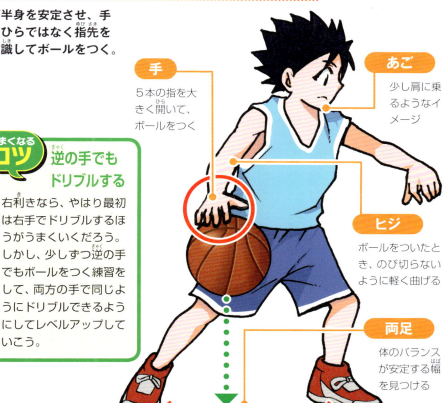

2

ボールを強く低くつく!

相手にボールをとられずにドリブルするには、ボールを強く低くつけるようになることが大切だ。自分の手や指からボールがはなれている時間をできるだけ短くするように、挑戦《ちょうせん》してみよう。

●ボールを強くつく

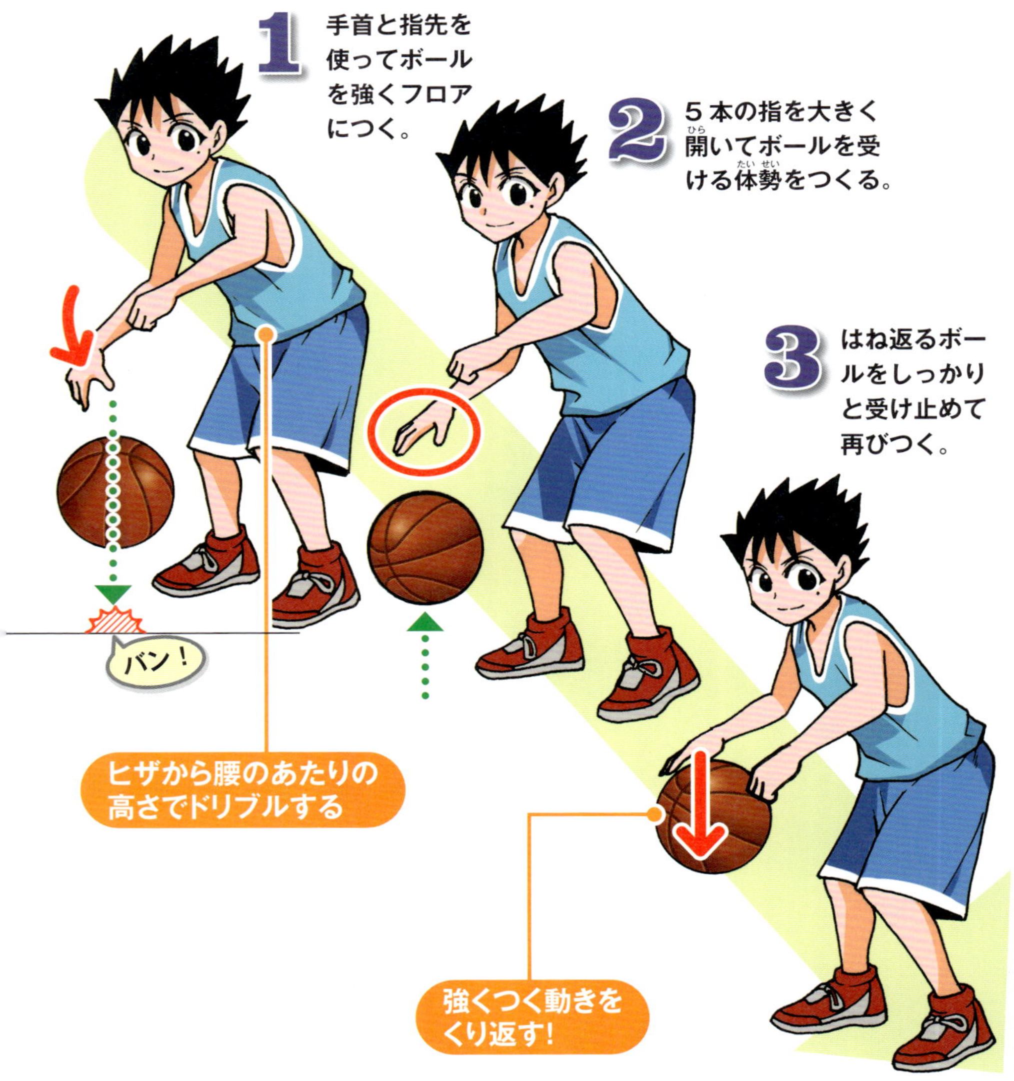
1 手首と指先を使ってボールを強くフロアにつく。
2 5本の指を大きく開《ひら》いてボールを受ける体勢《たいせい》をつくる。
3 はね返るボールをしっかりと受け止めて再びつく。
バン！
ヒザから腰のあたりの高さでドリブルする
強くつく動きをくり返す!

●ボールを低くつく

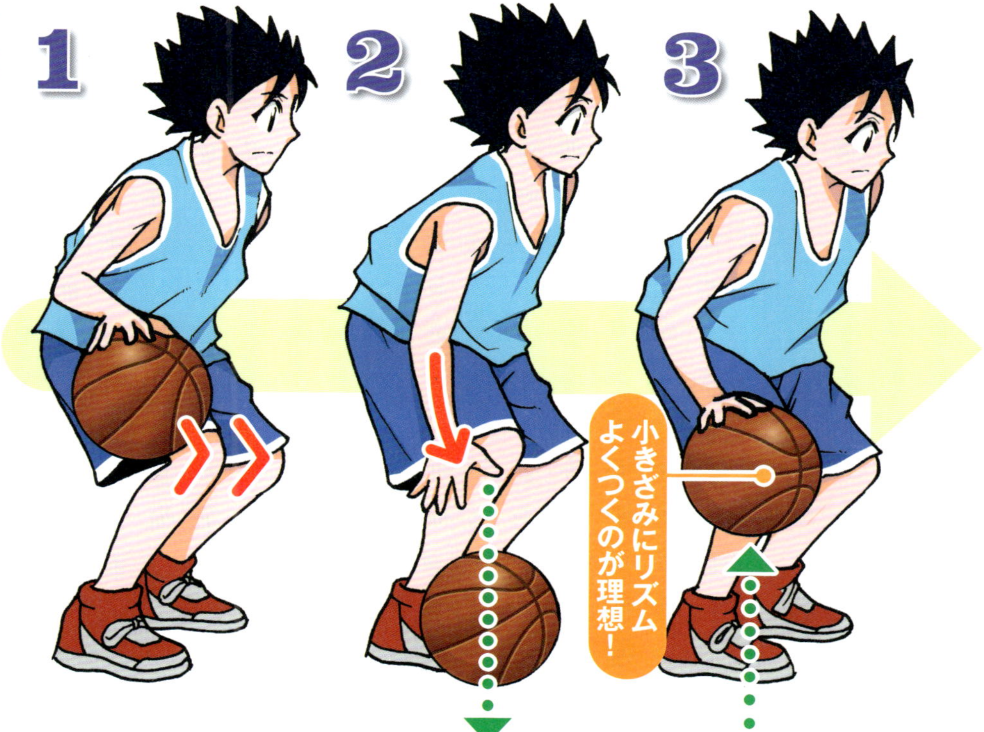
1
2
3
小きざみにリズムよくつくのが理想！

1 ヒザを曲げた低い姿勢《しせい》でボールをつく体勢《たいせい》になる。

2 手首と指先を使ってボールを低くつく。

3 はね返るボールをスムーズに受け止めて再びつく。

うまくなるコツ ドリブルを使い分ける

試合中、いつも強く低いドリブルをするわけではない。相手が目の前にいなければ、まわりを見ながら高いドリブルで進み、相手が近づいたら低くついて取られないようにするのだ。ボールをつく強さや高さを変えながら、ドリブルを上手《じょうず》に使い分けよう。

悪い
つきにくい…

▶体勢《たいせい》が悪かったり、手のひらだけでつこうとすると低くドリブルできない。

パート❷
ドリブル編

3 ボールを前後左右に動かす!

ボールを前後や左右に瞬時《しゅんじ》に動かせるテクニックを覚《おぼ》えよう。ドリブルで進む方向を変えたり、ボールを取りにくる相手をかわすことができるようになるので、ぜひともマスターしたい。

●ボールを左右に動かす

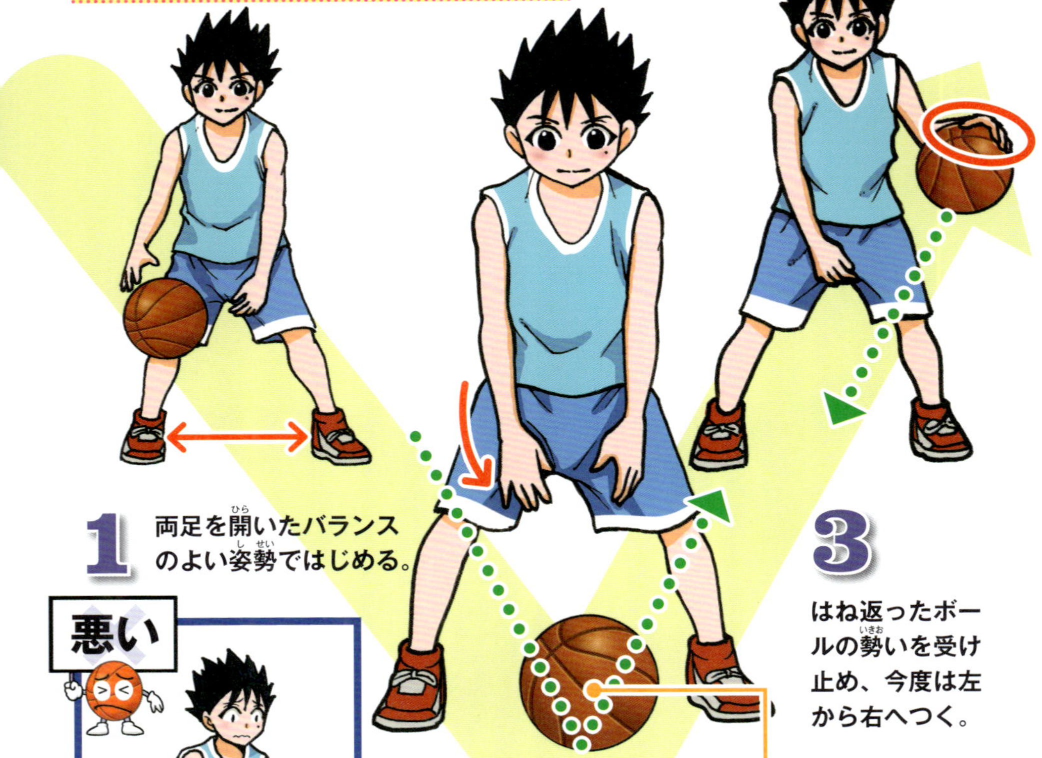

1 両足を開《ひら》いたバランスのよい姿勢《しせい》ではじめる。

2 手首と指先を使ってフロアにボールをつき、右から左へ動かす。

3 はね返ったボールの勢《いきお》いを受け止め、今度は左から右へつく。

両足の中心につくことで、連続してドリブルできる

◀両足の中心につかないと、ボールがそれてドリブルがつづかない。

●ボールを前後に動かす

1 足を前後に開《ひら》いて片手でボールを持つ。

2 両足の中心にボールがくるように前につく。

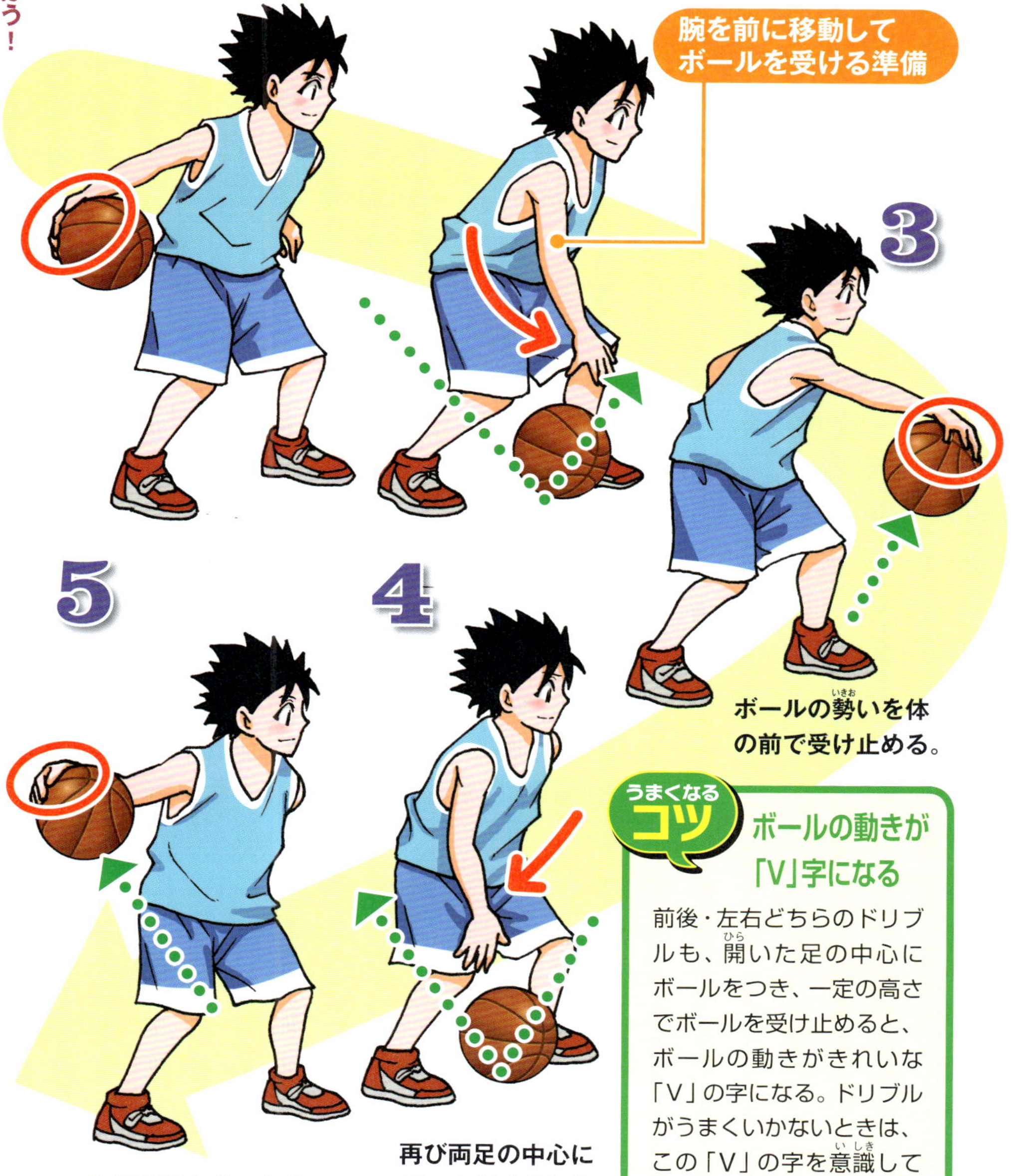
腕を前に移動してボールを受ける準備

3 ボールの勢《いきお》いを体の前で受け止める。

4 再び両足の中心にボールがくるように後ろへつく。

5 体の後ろでボールの勢《いきお》いを止める。

うまくなるコツ　ボールの動きが「V」字になる

前後・左右どちらのドリブルも、開《ひら》いた足の中心にボールをつき、一定の高さでボールを受け止めると、ボールの動きがきれいな「V」の字になる。ドリブルがうまくいかないときは、この「V」の字を意識《いしき》してやってみよう。

動きながらボールをつく！

動かずにその場でつくドリブルができるようになったら、今度は動きながらのドリブルに挑戦《ちょうせん》だ。なるべくボールを見ないでボールをつけるように、くり返し練習しよう。

●走りながらボールをつく

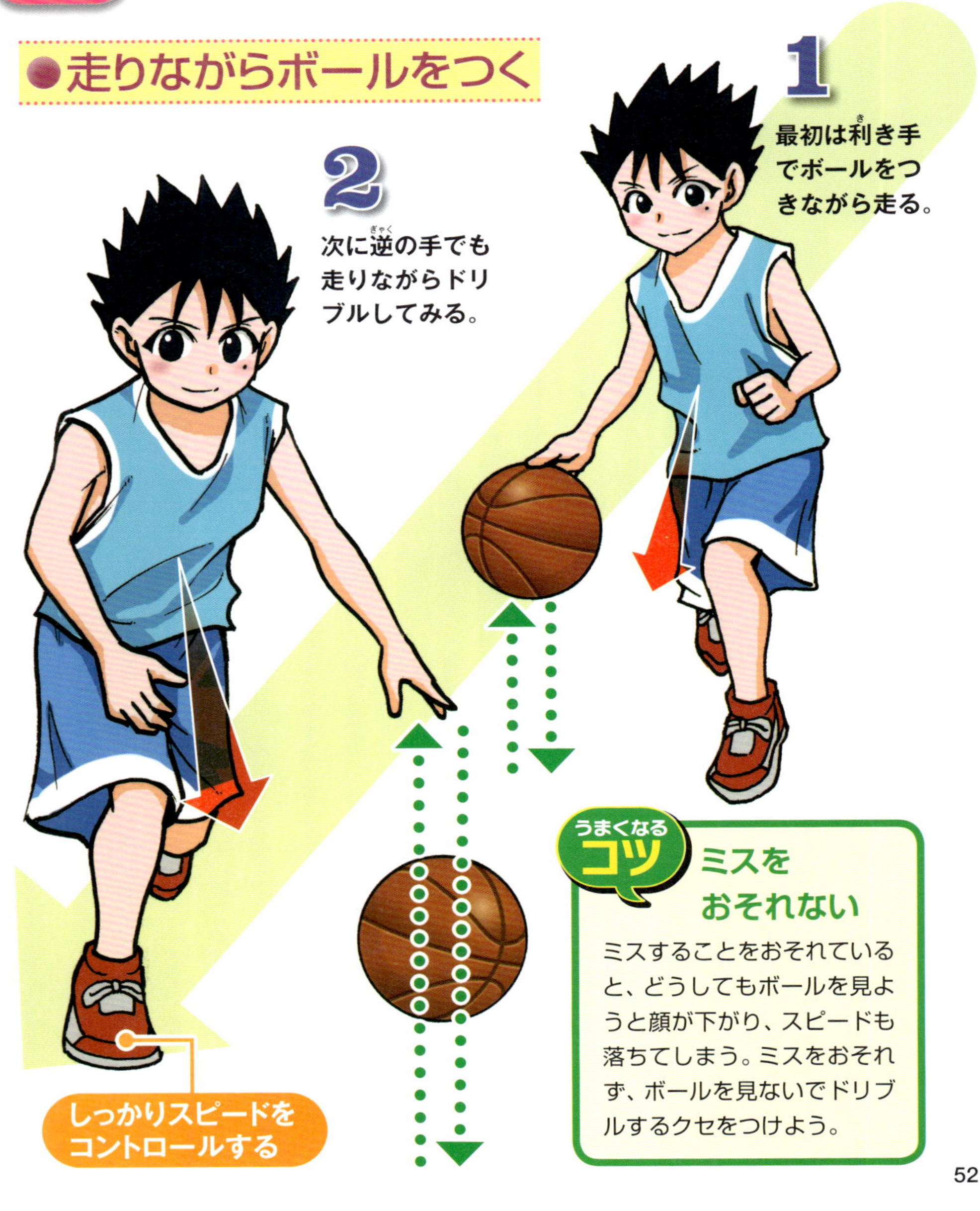
1
最初は利《き》き手でボールをつきながら走る。
2
次に逆《ぎゃく》の手でも走りながらドリブルしてみる。
しっかりスピードをコントロールする

うまくなるコツ ミスをおそれない

ミスすることをおそれていると、どうしてもボールを見ようと顔が下がり、スピードも落ちてしまう。ミスをおそれず、ボールを見ないでドリブルするクセをつけよう。

●基本姿勢《きほんしせい》のまま前後にドリブル

1

まずは基本姿《きほんし》勢《せい》のままその場でドリブルする。

ボールをガードするイメージ

2

ドリブルしながら前に進み、今度は後ろへドリブルでもどる。

基本姿勢をくずさない

●円を描《えが》くようにドリブルする

1

同じ位置でボールをつきながら走り出す。

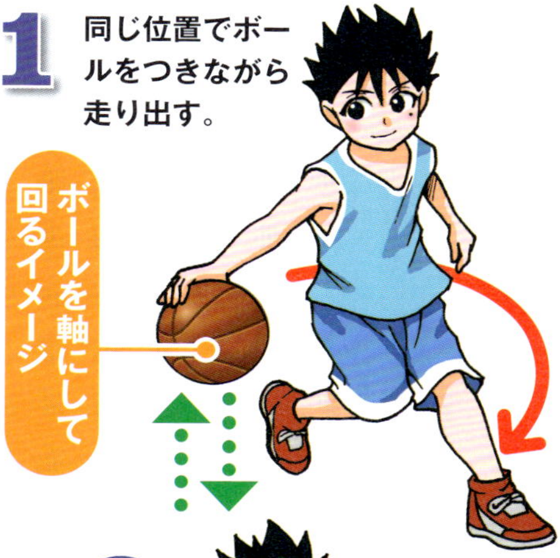
ボールを軸にして回るイメージ

2

ボールを中心に回るようにして走る。

3

この動きをくり返す。

慣れてきたら逆回転にも挑戦！

パート❷ ドリブル編

5 ドリブルの止まり方！

ドリブルからスムーズに次のプレーに入るには、しっかりと止まることが基本だ。止まり方には「両足同時」につく方法と「片足ずつ」止まる方法の2通りがあるので覚《おぼ》えよう。

両足同時に止まる ジャンプストップ

顔を上げてまわりを見る
ここはストップだ！
1
2
3
両手でボールをがっちり持つ

1 状況《じょうきょう》を判断《はんだん》してスピードをコントロールする。

止まるタイミングをはかり、両足をフロアからはなす。

両足を同時にフロアにつけて止まる。

●片足ずつ止まるストライドストップ

2
イチ！
1歩目
3
ニ！
イチ・ニのリズムで確実に止まる
2歩目
4
軸足は動かさない

片足をフロアにつけてドリブルを止める。

もう一方の足を前に出していく。

軸《じく》足《あし》（左足）をはなさずに右足でステップを踏《ふ》んで基《き》本《ほん》姿《し》勢《せい》をとる。

フリーフットと軸足《じくあし》

ジャンプストップのときは、両足着地《ちゃくち》後に最初に動かした足がフリーフット（自由に動かせる足）、もう一方の足が軸足《じくあし》になる。またストライドストップのときは、1歩目についた足が軸足《じくあし》、2歩目についた足がフリーフットになる。

パート❷
ドリブル編

6 インサイドアウトに挑《ちょう》戦《せん》!

試合では、ボールを左右に動かす瞬間《しゅんかん》をねらって相手が手を出してくることが多い。そんなとき、体の内側から外側へとボールを動かす「インサイドアウト」でかわそう。

うまくなるコツ 足を踏《ふ》み出して相手をだます

ポイントは、実際《じっさい》には進まない方向に足を大きく踏《ふ》み出すこと。だまされた相手はその方向に体を寄《よ》せてくるので、すかさず逆《ぎゃく》をつこう。

だます方向に体重をかけながら目線も向ける。

足を大きく踏《ふ》み出して相手の反応《はんのう》を見る。

ボールの移動《いどう》を止めて右（体の外側）へつく。

ボールを右手で受け止め、相手の横から抜《ぬ》いていく。

●体の内側から外側へとボールを動かす

1 相手がドリブルのコースをふさいでいる状況《じょうきょう》。

2 右手にあるボールを左（体の内側）に持ってくる。

3 体勢《たいせい》も一度左へ向けて相手をだます。

▲ボールを下から支《ささ》えるように持つと、バイオレーション（➡P221）の反則《はんそく》になる。

レッグスルーに挑《ちょう》戦《せん》!

前後《ぜんご》に出した足の間でボールを通《とお》すテクニックが、レッグスルーだ。ボールを自分の右から左（または左から右）へ一瞬《いっしゅん》で移動《いどう》することができるので、ドリブルの方向を変えて相手を抜《ぬ》こう。

●ボールを両足の間でつく

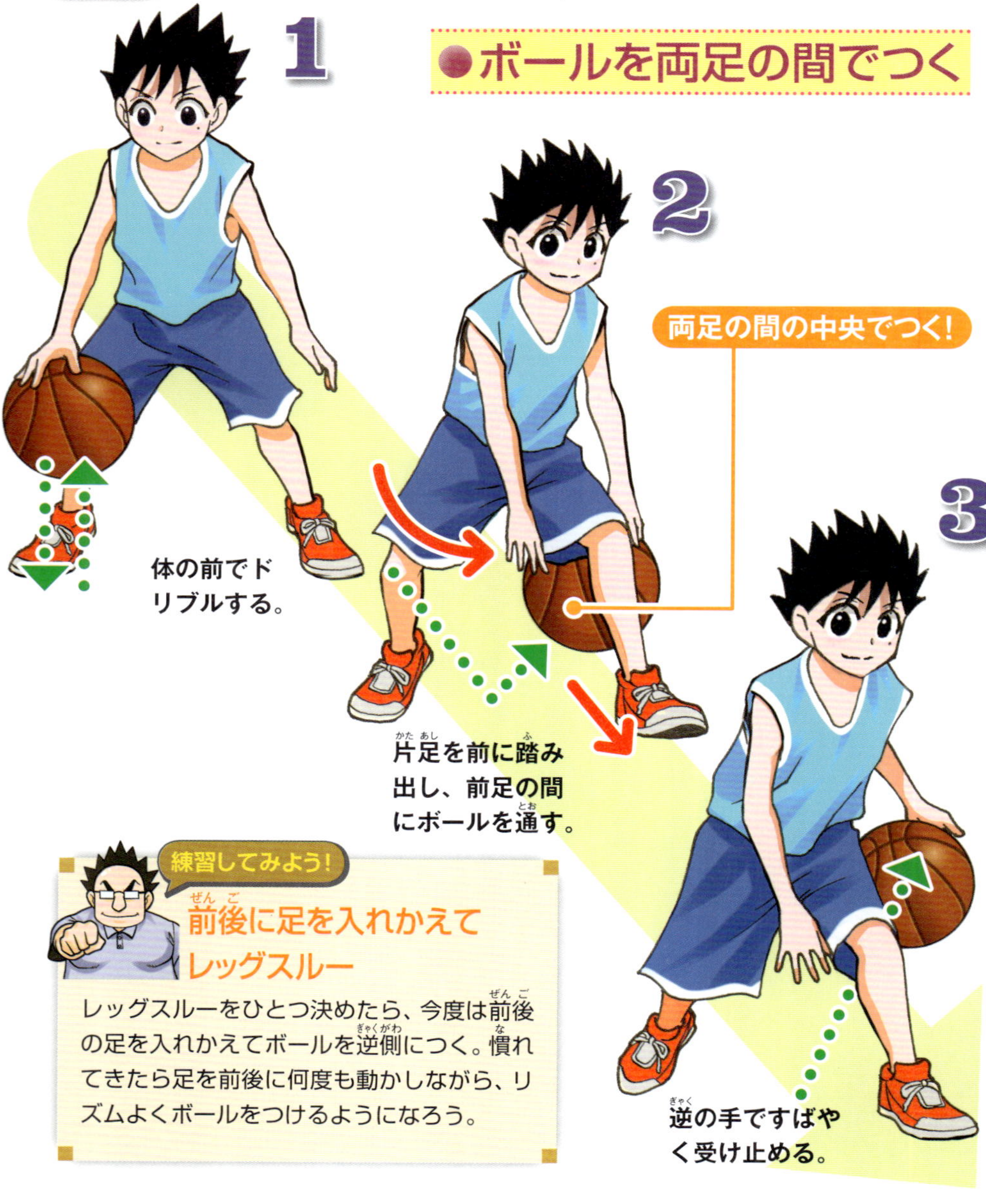
1
2
3
両足の間の中央でつく!
体の前でドリブルする。
片足《かたあし》を前に踏《ふ》み出し、前足の間にボールを通《とお》す。
逆《ぎゃく》の手ですばやく受け止める。

練習してみよう!

前後《ぜんご》に足を入れかえてレッグスルー

レッグスルーをひとつ決めたら、今度は前後《ぜんご》の足を入れかえてボールを逆側《ぎゃくがわ》につく。慣《な》れてきたら足を前後に何度も動かしながら、リズムよくボールをつけるようになろう。

すばやく切り返して相手をかわす

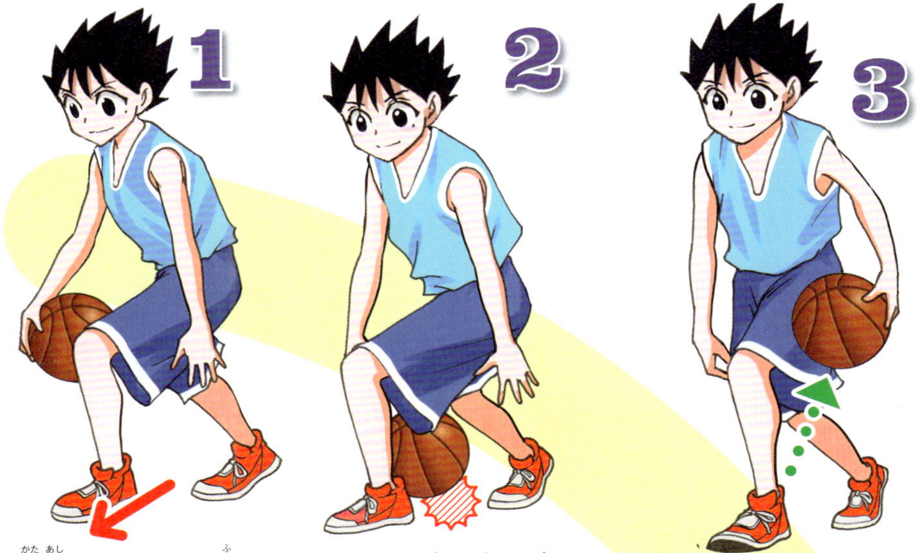

片足《かたあし》を前に大きく踏《ふ》み出してボールをつく。

両足の真ん中でボールを低く弾《はず》ませる。

低い体勢《たいせい》のまま逆《ぎゃく》の手でボールを受ける。

空《あ》いたスペースにドリブルしてかわす。

片足《かたあし》を大きく踏《ふ》み出す

両足の間でボールを通《とお》せるように、前に踏《ふ》み出す足は大きく広げるように出そう。そうすれば踏《ふ》み出した足でボールをガードする役割《やくわり》にもなるのだ。

▲両足を大きく開《ひら》かないとボールが足にぶつかる。

パート❷
ドリブル編

8

バックビハインドに挑《ちょう》戦《せん》!

ボールを背中の後ろで移《い》動《どう》させる「バックビハインド」は、相手が目の前にいても自分のスピードを落とさずに抜《ぬ》けるテクニックだ。むずかしいフェイントだが、トライしてみよう。

目の前の相手をすばやくかわす

うまくなるコツ　すぐにボールを受ける

背中の後ろでボールをついたら、すぐに逆《ぎゃく》の手でドリブルに入ることが大切だ。床《ゆか》についた後のボールを相手もねらっていることがあるので、なるべく取られにくい位置にボールをつくようにしよう。

相手が近づいてきたら、ボールをすばやく背中に移《い》動《どう》する。

手首を強く返し、背中の後ろでボールをつく。

逆《ぎゃく》の手でボールを受け止めて相手を抜《ぬ》く。

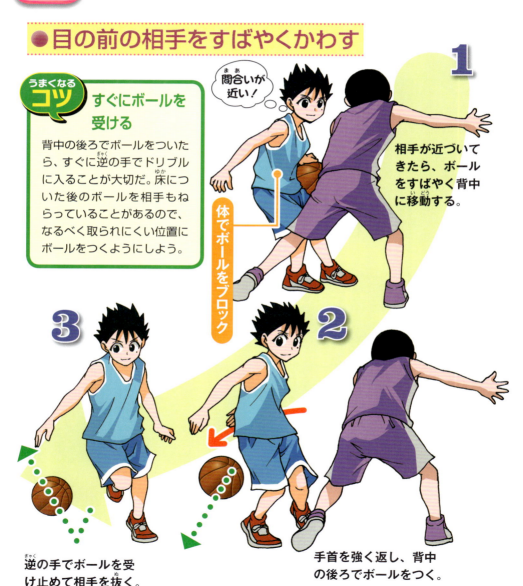

体の後ろでボールを移動《いどう》させる

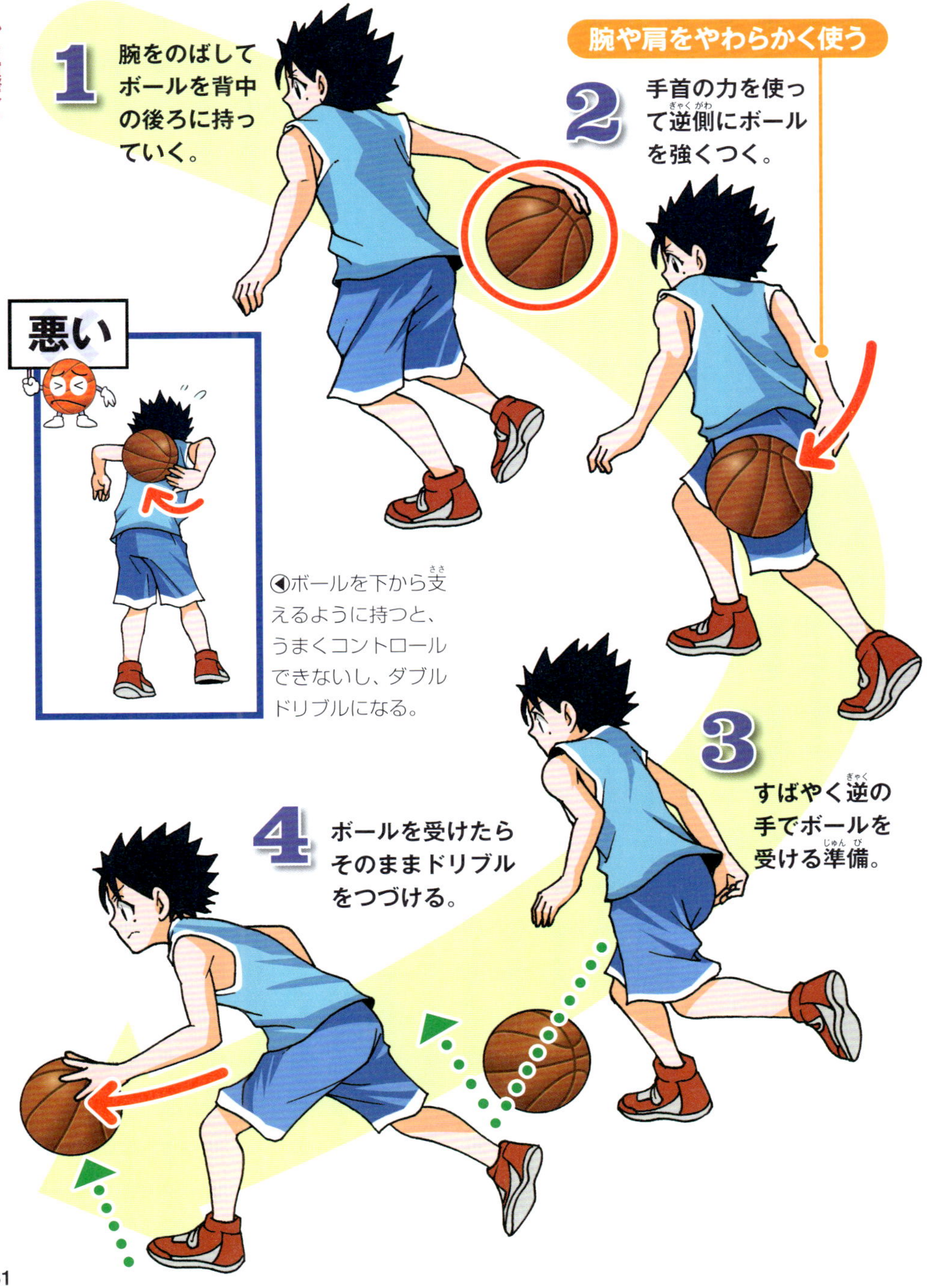

1 腕をのばしてボールを背中の後ろに持っていく。

2 手首の力を使って逆側《ぎゃくがわ》にボールを強くつく。

3 すばやく逆《ぎゃく》の手でボールを受ける準備《じゅんび》。

4 ボールを受けたらそのままドリブルをつづける。

◀ボールを下から支《ささ》えるように持つと、うまくコントロールできないし、ダブルドリブルになる。

9 コンビネーションに挑戦《ちょうせん》！

試合中、ひとつのドリブルテクニックをつづけていると、相手に対応されやすくなる。そこで、さまざまなテクニックを組み合わせ、相手に的《まと》をしぼらせないドリブルを目指《めざ》そう。

●コンビネーションドリブルの例

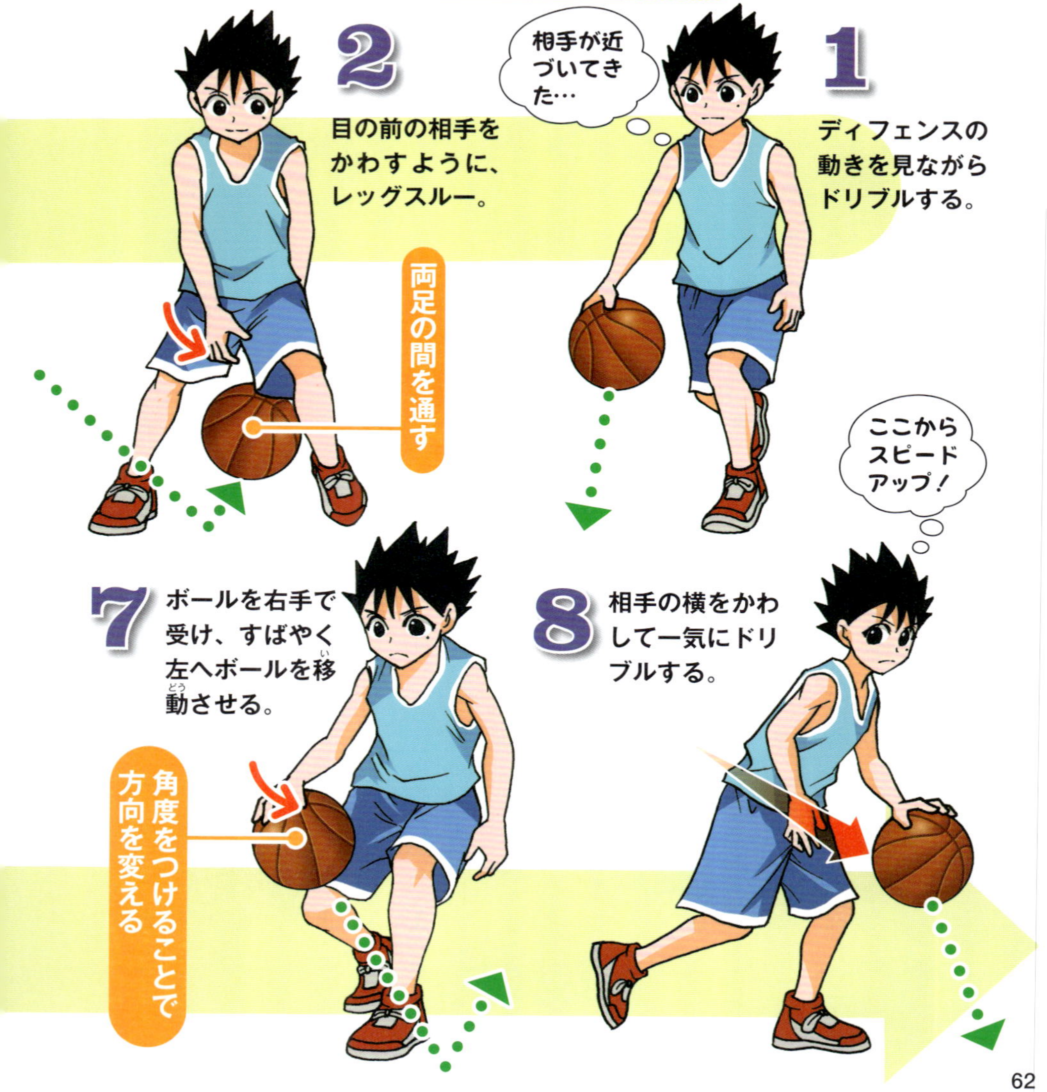
1
ディフェンスの動きを見ながらドリブルする。
相手が近づいてきた…
2
目の前の相手をかわすように、レッグスルー。
両足の間を通す
7
ボールを右手で受け、すばやく左へボールを移《い》動《どう》させる。
角度をつけることで方向を変える
8
相手の横をかわして一気にドリブルする。
ここからスピードアップ！

それぞれのテクニックの強みを把握《はあく》する

試合中は、ムダにテクニックを出さず、ここぞというときに使うことが大切だ。１対１でボールを取り合う練習などを通《とお》して、相手との間合《まあ》い（距離《きょり》）や位置によってどんなテクニックが有効《ゆうこう》かを確認《かくにん》していこう。

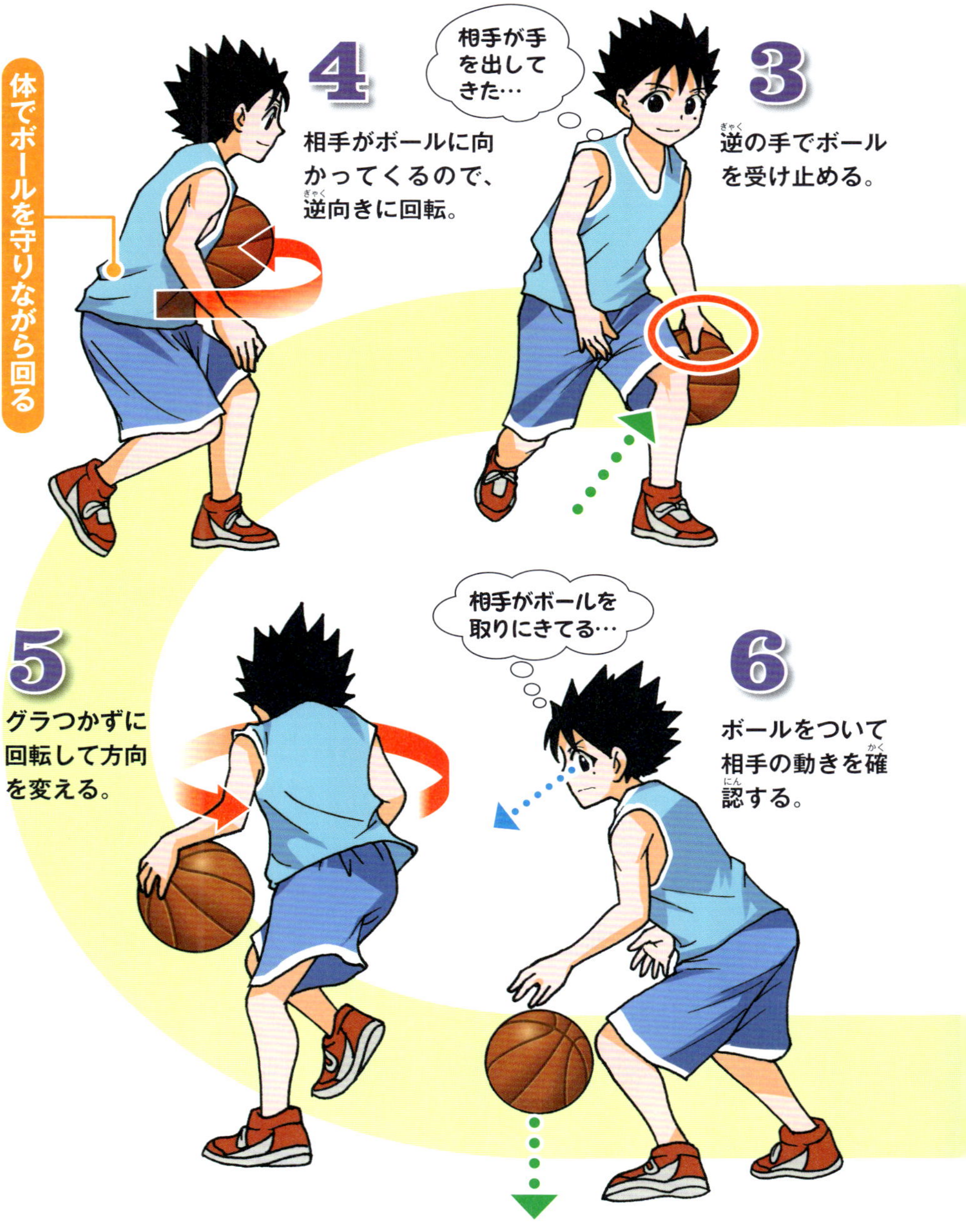
体でボールを守りながら回る
3
逆《ぎゃく》の手でボールを受け止める。
相手が手を出してきた…
4
相手がボールに向かってくるので、逆《ぎゃく》向きに回転。
5
グラつかずに回転して方向を変える。
相手がボールを取りにきてる…
6
ボールをついて相手の動きを確《かく》認《にん》する。

トップ選手
“子ども時代”の
練習法②

父といっしょにやった〝ルーズボール練習〟！

私は、両親《りょうしん》も姉《あね》もバスケットをしていたので、小さいころからバスケットボールで遊んでいました。遊び感覚《かんかく》で姉《あね》と**1対1のボールの取り合い**をしたりしましたが、一度も勝てずによく泣いていて（笑）。でも負けず嫌《ぎら》いなので、そこでやめずに**「勝つまでやる！」**とつづけていました。

そのころは父といっしょにする**〝ルーズボール練習〟**が大好きでした。父が前後左右《ぜんごさゆう》に軽く放《ほう》ったボールを、とにかくすばやくダッシュして床《ゆか》に落ちる前につかむんです。

私が慣《な》れてきたら、父もボールを放《ほう》る距離《きょり》を遠くしたりして、どんどんむずかしくなりました。今でも試合中に**「ルーズボールを絶対にとる」**という気持ちが強いのは、この練習があったおかげです。

強いチームに入ってからは、監督《かんとく》によく怒《おこ》られてくやしい思いをしました。でも、チームメートのお母さんが**「うまくなってほしいから、監督《かんとく》は怒っているんだよ」**と教えてくれたので、またがんばれるようになりました。私はその言葉を今も大事にしています。

チームを引っぱる司令塔《しれいとう》！

吉田亜沙美《よしだあさみ》
（JX-ENEOSサンフラワーズ）

パート 3

シュートを決《き》めよう!

シュート編

ポイント

相手《あいて》チームのリングにボールを入《い》れて得点《とくてん》するのがシュートだ。ゴール近《ちか》くからのシュート、遠《とお》くからのシュート。止《と》まって打《う》つシュートや走《はし》りながら打《う》つシュートなど、さまざまなシュートの打ち方を知って、うまくなろう！

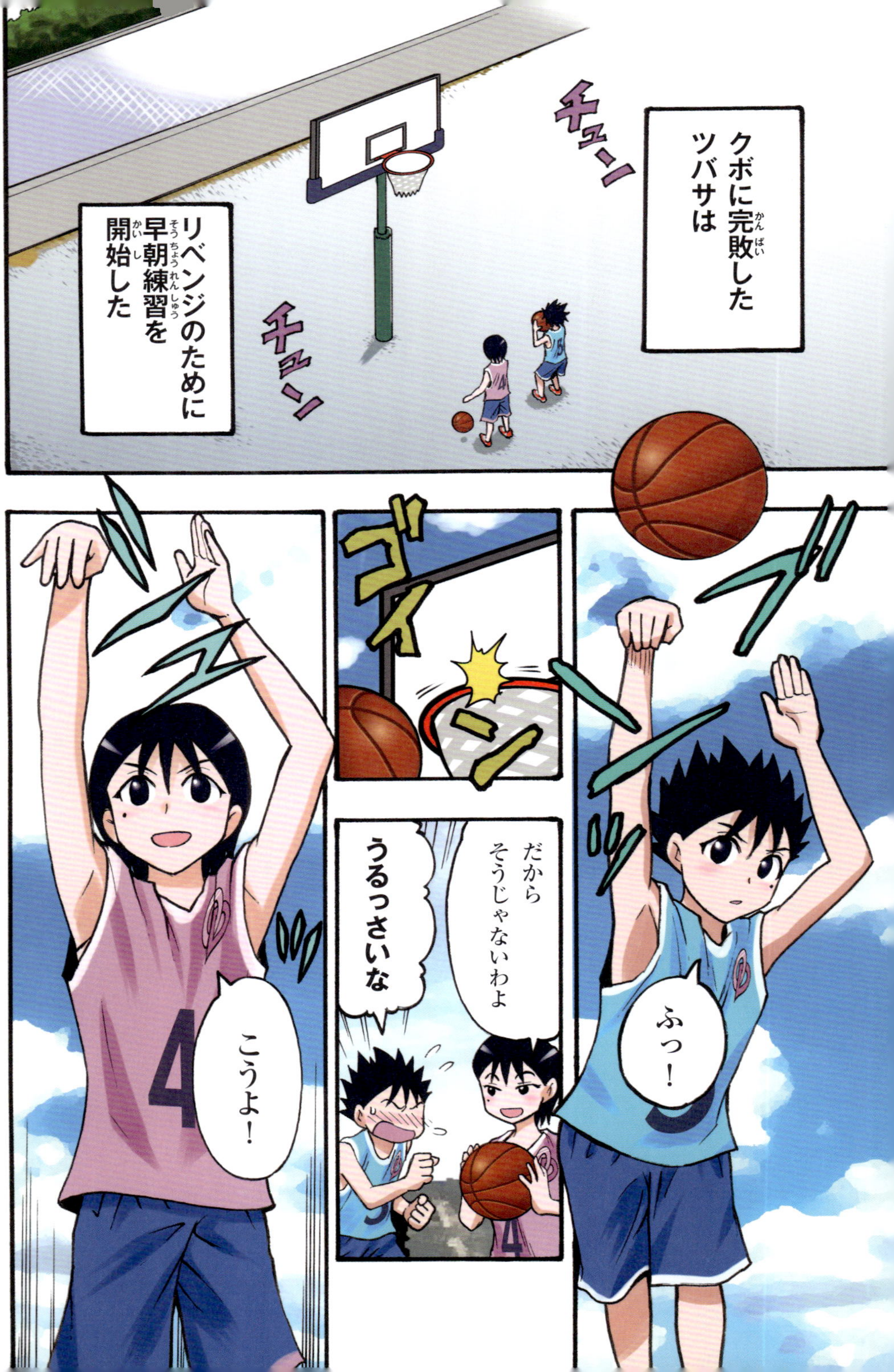
クボに完敗《かんぱい》した
ツバサは
チューン
リベンジのために
早朝練習《そうちょうれんしゅう》を
開始《かいし》した
チューン
ブン
ふっ！
ゴイン
だから
そうじゃないわよ
うるっさいな
こうよ！

チェック！ シュートの基本《きほん》

▶80ページへ

スパッ
すっげえきれいなフォーム……
よし!
くやしいけど…
フン! フリースローばっかりうまくても試合《しあい》じゃ役《やく》に立《た》たないし
ダム
ダム
フリースロー
相手《あいて》の反則《はんそく》によってシュートを打《う》つチャンスを得《え》ること。
やっぱシュートはレイアップだよ!
レイアップ
ゴール下《した》まで走《はし》りこんでからボールを持《も》ち上《あ》げて打《う》つシュート。
ガンッ
ボスッ
へへっ!

全《ぜん》然《ぜん》ダメ！
ビシッ！
はあ!?
入《はい》ったじゃないか！
ツバサは空中《くうちゅう》のフォームがくずれててバランスが悪《わる》いの！
ダムッ
レイアップはこうやるのよ！
チェック！ レイアップシュート
88ページへ
ボールをそっと置《お》くように打《う》つ！
ゴールの近《ちか》くまでボールを持《も》っていくためなるべく高《たか》く飛《と》ぼう！
片方《かたほう》のヒザを引《ひ》き上《あ》げてバランスを保《たも》つ！
片手《かたて》だとボールが重《おも》いなら両手《りょうて》で打《う》つことから始《はじ》めよう！

シュパッ
スゲぇ……
アンタにはつき合《あ》ってられないわ
はあ…
誰《だれ》もつき合《あ》ってほしいなんて言《い》ってねぇだろ！
プイッ
いちいち手本《てほん》なんていらねーよ

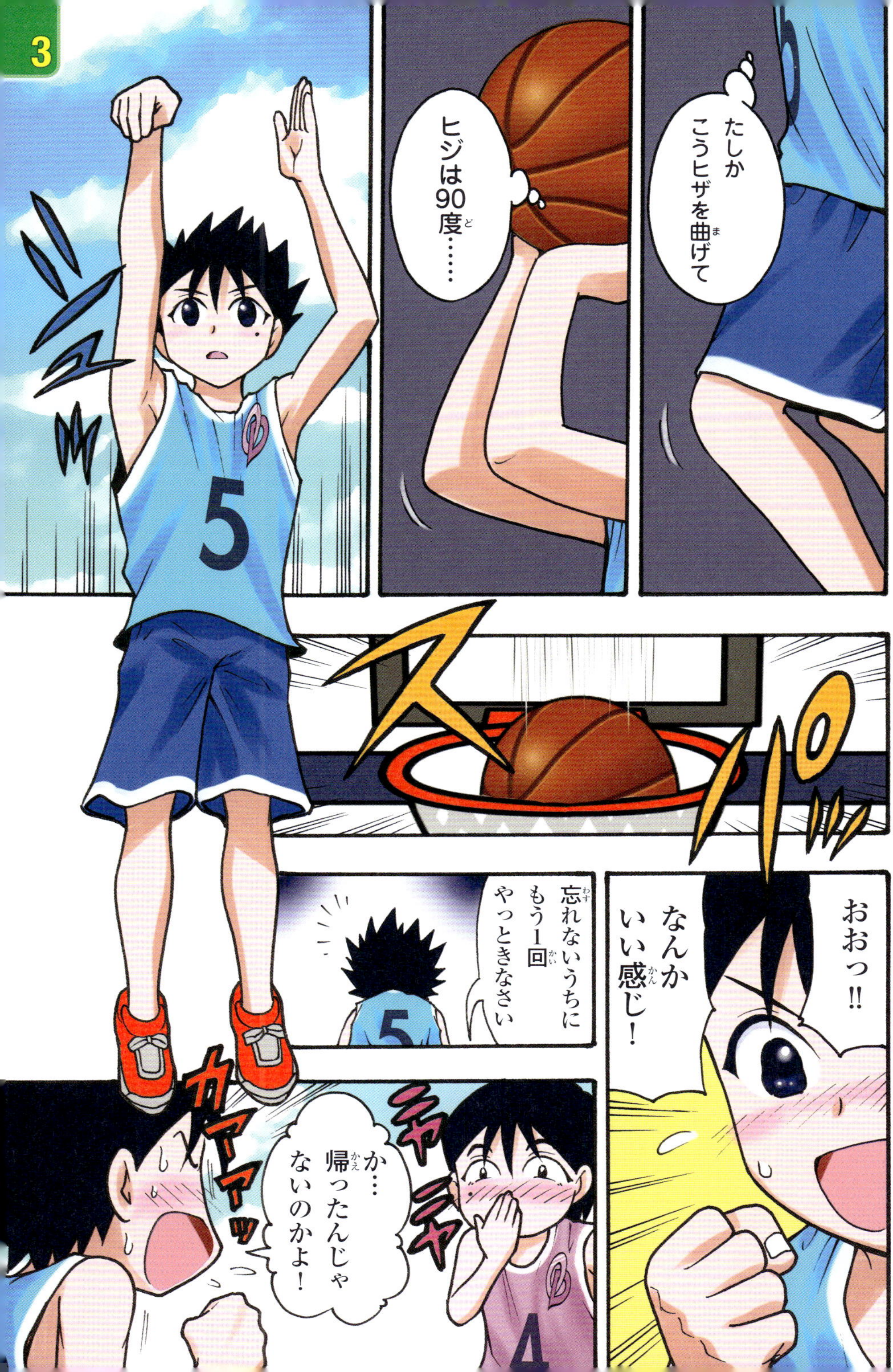
たしか
こうヒザを曲《ま》げて
ヒジは90度《ど》……
スパッ
おおっ!!
なんか
いい感《かん》じ!
忘《わす》れないうちに
もう1回《かい》
やっときなさい
ニヤ
ニヤ
か…
帰《かえ》ったんじゃ
ないのかよ!
カァァァッ

ツバサが基《き》礎《そ》練《れん》に
はげむなか
トーナメント大《たい》会《かい》が
ついに開《かい》幕《まく》!

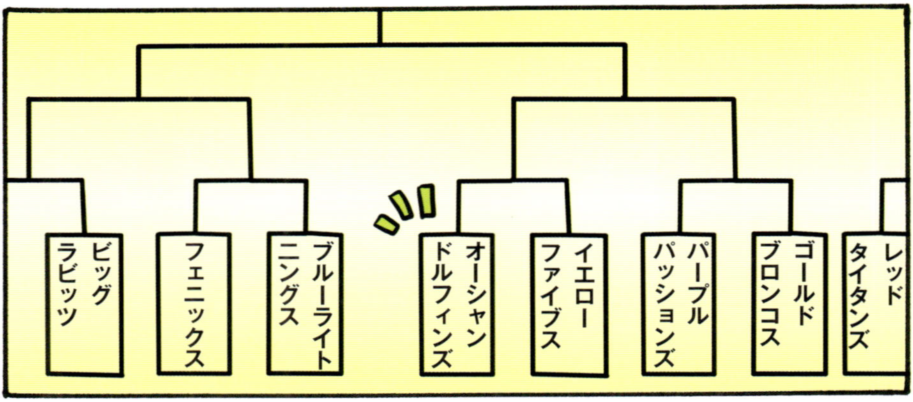
レッドタイタンズ
ゴールドブロンコス
パープルパッションズ
イエローファイブス
オーシャンドルフィンズ
ブルーライトニングス
フェニックス
ビッグラビッツ

1回《かい》戦《せん》
オーシャンドルフィンズ
VS
イエローファイブス

行《い》くぞおおおお！
シュッ
スパッ
ワッ
おおおっ!!
ツバサすげえ…
練《れん》習《しゅう》試《じ》合《あい》の不《ふ》調《ちょう》がウソみたいだ
この10日《か》間《かん》は毎《まい》日《にち》朝《あさ》と夜《よる》に100本《ぽん》ずつシュート練《れん》習《しゅう》したらしいからな
つまり……1日《にち》200本《ぽん》!?
うひゃー

絶好調《ぜっこうちょう》じゃねえか
ツバサ!
今日《きょう》20点目《てんめ》だぞ!
…っへへ
何《なに》いってんだ!
まだまだ……
シュ
パッ
これからだっ!!

ザッ
ワアアア
パシッ
そうだ
これからだ
お前《まえ》が
努力《どりょく》しはじめたら
爆発的《ばくはつてき》に
のびるぞ!
…この調子《ちょうし》で
活躍《かつやく》すれば
アイコちゃんも
振《ふ》り向《む》いてくれる
はず……!
ムフフ
オーシャン
ドルフィンズ
1回《かい》戦《せん》突破《とっぱ》!

2回戦《かいせん》
オーシャンドルフィンズ
VS
パープルパッションズ
ダダダ
ダダ
5番《ばん》を止《と》めろ!
ダブルチームだ!
ダブルチーム
1人《ひとり》の攻撃選手《こうげきせんしゅ》に対《たい》して2人《ふたり》がかりで守備《しゅび》につくこと。
バッ
ダンッ
ツバサ
こっちだ!

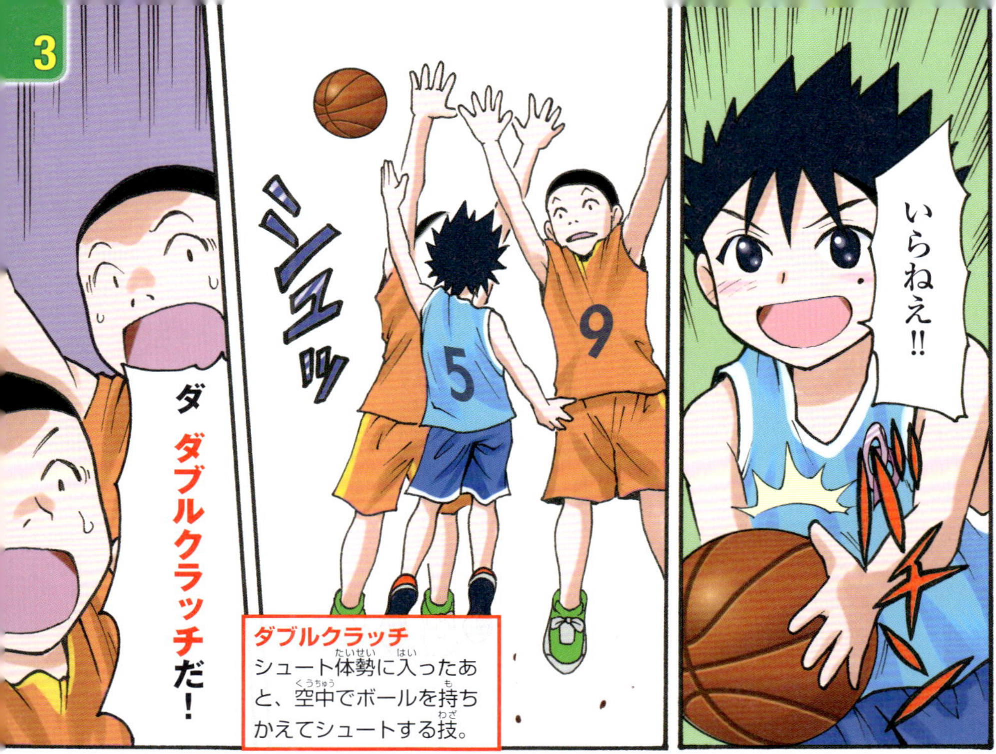

チェック! ダブルクラッチ

▶95ページへ

よしっ!
基礎《きそ》を見直《みなお》したことで 空中《くうちゅう》で体勢《たいせい》が くずれなくなった!
まちがいない!
オレは 進化《しんか》してる!
みんな! オレにボール 集《あつ》めてくれ!
おうっ!!

………
たしかにプレーの技術《ぎじゅつ》は上《あ》がったけど……
あっ
アイコちゃ……
…ん？
なんで不満気《ふまんげ》なんだ？
ツバサ！よそ見《み》するな！
すっ すみませぇ～ん！
オーシャンドルフィンズ2回戦《かいせん》突破《とっぱ》！

パート③
シュート編

1 シュートの基本《きほん》姿勢《しせい》!

シュートは両手で同時にボールを手放《てばな》して打つ「ツーハンドシュート」と片手で打つ「ワンハンドシュート」の2つがある。自分に合ったシュートフォームを見つけよう。

●ツーハンドシュートの基本《きほん》姿勢《しせい》

悪い

▲ボールが体の中心からずれると、真っすぐにシュートできない。

ツーハンドとワンハンド

日本では、筋力《きんりょく》がまだない年少者や女子はツーハンドからはじめ、成長にしたがってワンハンドを覚《おぼ》えていくことが多い。どちらが正しいということはないが、とくに男子はしっかり筋力がついたら、ワンハンドに移行《いこう》していくことが大切だ。

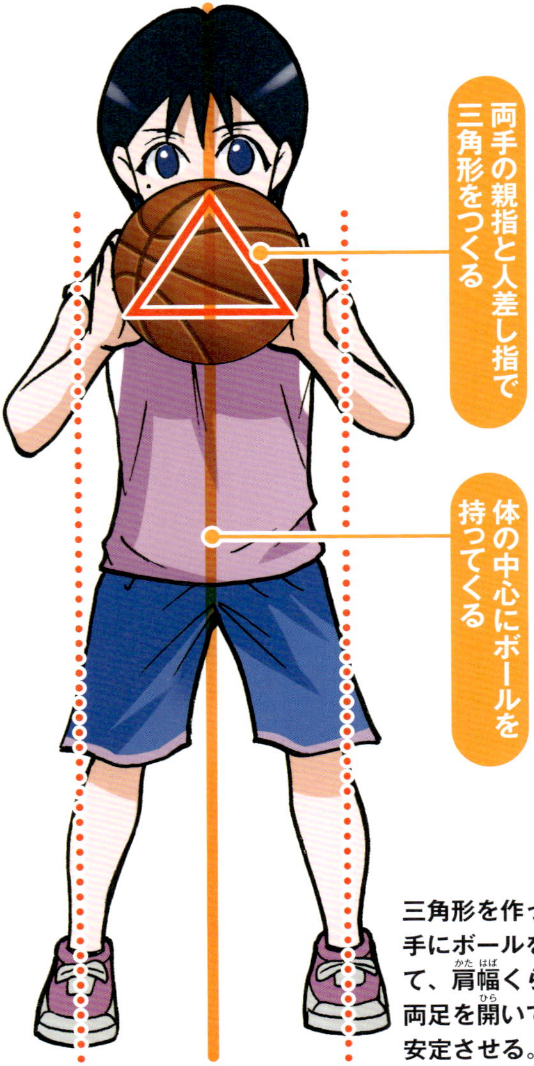
両手の親指と人差し指で三角形をつくる
体の中心にボールを持ってくる

三角形を作った両手にボールを乗せて、肩幅《かたはば》くらいに両足を開《ひら》いて体を安定させる。

●ワンハンドシュートの基本姿勢《きほんしせい》

1

右利《き》きなら右手にボールを乗せる。

2

逆《ぎゃく》の手をボールの横にそえる。

3

ゴールに対して正面を向き、ボールをセットする。

▲ボールとヒジ、ヒザのラインがずれるとボールに力が伝わらない。

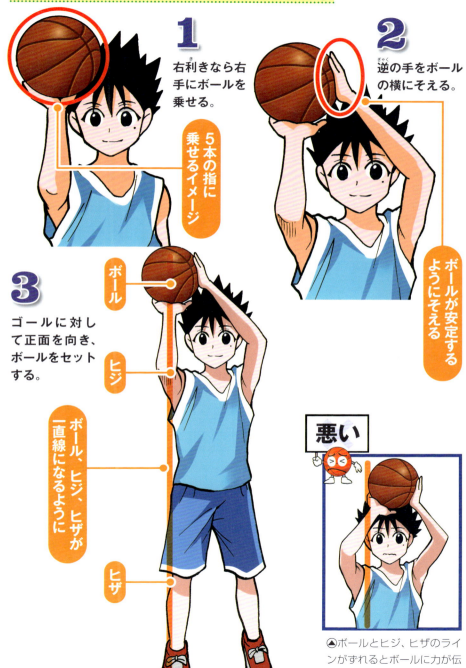

パート③
シュート編
2

両手でシュートを打ってみる!

筋力《きんりょく》がまだついていなくて、なかなかゴールまでボールが届《とど》かない場合は、両手でシュートを打つことからはじめよう。下半身から上半身、最後に指先まで力を伝えるイメージを持とう。

●ツーハンドシュートの打ち方

1
リングに対して正面を向く
ヒザを軽く曲げ、胸《むね》の前あたりでボールを持つ。
2
ヒザをのばしながら、ボールを上げていく。
下半身の力を上半身へ伝えていく
3
シュートを打った後もすぐに手を下げない
両手の力を同じようにかけてシュートを打つ。

うまくなるコツ

両手の力をうまくボールに伝える

ツーハンドシュートは、左右の手の力を均等《きんとう》（同じよう）にかけて打つことがポイントだ。左右でバラバラに力をかけるとシュートが曲がってしまうので、打ち終えた後に両手の甲《こう》がきれいに向き合っているかをチェックしてみよう。

両手の甲《こう》が向き合ったフィニッシュが理想《りそう》。

練習してみよう！

いすを使ってシュート練習

シュートは手首や上半身の力だけではゴールまで届《とど》かない。いすに座《すわ》った状態《じょうたい》から立ち上がってシュートを打つことで、下半身の力と勢《いきお》いをボールに伝える感覚《かんかく》をつかもう。

ボールに逆回転をかけるイメージ

1 いすに浅《あさ》く座《すわ》り、ボールをセットする。

2 立ち上がりながらシュートを打つ。

3 フォームを残したままボールを確《かく》認《にん》する。

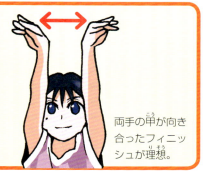

パート❸
シュート編

3 片手でシュートを打ってみる！

試合で相手をかわしてシュートを打つときなど、両手よりも片手のほうが有利《ゆうり》に打てる。最初はシュートが遠くまで届《とど》かないかもしれないが、少しずつ慣《な》れていこう。

●ワンハンドシュートの打ち方

ヒジは90度くらいが安定する
ヒジが外側に張らないように注意

3 ヒザをのばしながら、ボールを上げていく。

2 ヒジを90度くらいに曲げ、ゴールを見てねらいを定《さだ》める。

1 肩幅《かたはば》くらいに両足を開《ひら》き、利《き》き手にボールを乗せる。

うまくなるコツ

ボールに逆回転をかける

片手でも両手でも大切なのは、シュートするときにボールにバックスピン（逆回転《ぎゃくかいてん》）をかけること。手からボールがはなれるとき、指先でボールの下をこするイメージで打ってみよう。

バックスピンだと軌道が安定して真っすぐ飛ぶ
フィニッシュの形を残す

4 ボールが真っすぐに飛ぶように指先を意識《いしき》して打つ。

練習してみよう！

座《すわ》ったり寝《ね》たりした状態《じょうたい》でシュートフォームをつくる

家の中など、ゴールがないところでもシュート練習はできる。足をのばして座《すわ》った状態《じょうたい》からや、あお向けに寝《ね》た状態《じょうたい》から真上にシュートを打ち、手もとにボールがもどってくるか挑戦《ちょうせん》してみよう。

足をのばして座《すわ》り、ボールの持ち方や手首の返し方などに注意《ちゅうい》して打つ。

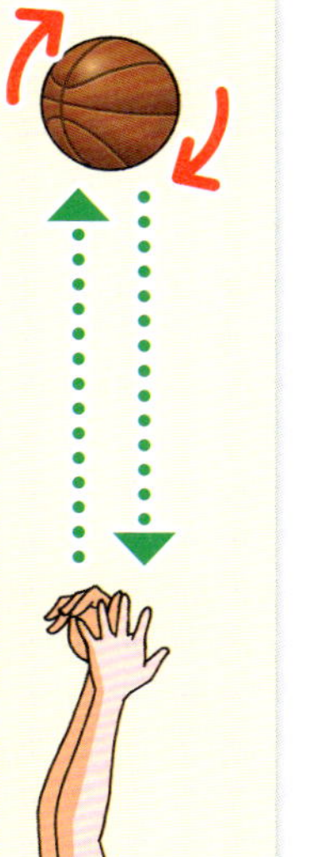

あお向けで打ち、バックスピンでボールが手もとに落ちてくるか確認《かくにん》する。

パート③ シュート編 4

フリースローに挑戦《ちょうせん》！

フリースローとは、相手の反則《はんそく》によってシュートを打つチャンスを得《え》ること。シュートの目安《めやす》として、まずはゴールから4メートルぐらいの距離《きょり》から打てるようになろう。

●フリースローの打ち方

1 ボールを持ったまま深呼吸《しんこきゅう》して落ちつく。

2 ボールを１、２度ついてリズムをつくる。

3 自信を持って、シュートの基本姿勢《しせい》（➡P81）に入る。

うまくなるコツ

打つ前の動きを決めておく

大事な場面でのフリースローは緊張《きんちょう》するのが当たり前だ。ここで大切なのは「いつもの自分になる」こと。シュートを打つ前に、かならず「深呼吸《しんこきゅう》」したり「決まった回数ボールをつく」「ヒザを上下に少し揺《ゆ》らす」などの決まった動きを入れ、自信を持って打ちこもう。

練習してみよう！

シュート距離《きょり》を少しずつのばしていく練習

シュート距離《きょり》をのばそうと遠くから打ちつづけると、変なクセがつくことがあるので注意《ちゅうい》しよう。まずはゴール下の近いところからはじめ、少しずつ距離《きょり》をのばしていくと、自然に打てるようになるぞ。

決まった！
ひとつ後ろに…

ゴール下近くから30～50センチ間隔《かんかく》でテープを貼《は》り、成功《せいこう》したら１つ分後ろへ下がって打つことをくり返す。

4 ボールが、ゴールに吸《す》いこまれるイメージで打つ。

5 レイアップシュートに挑《ちょう》戦《せん》！

ゴール下まで走りこんでから、ボールを持ち上げて打つシュートを「レイアップシュート」という。成功率《せいこうりつ》の高いシュートになるので、左右の手どちらでも打てるように練習をつんでいこう。

●走りながら片手でシュートを打つ

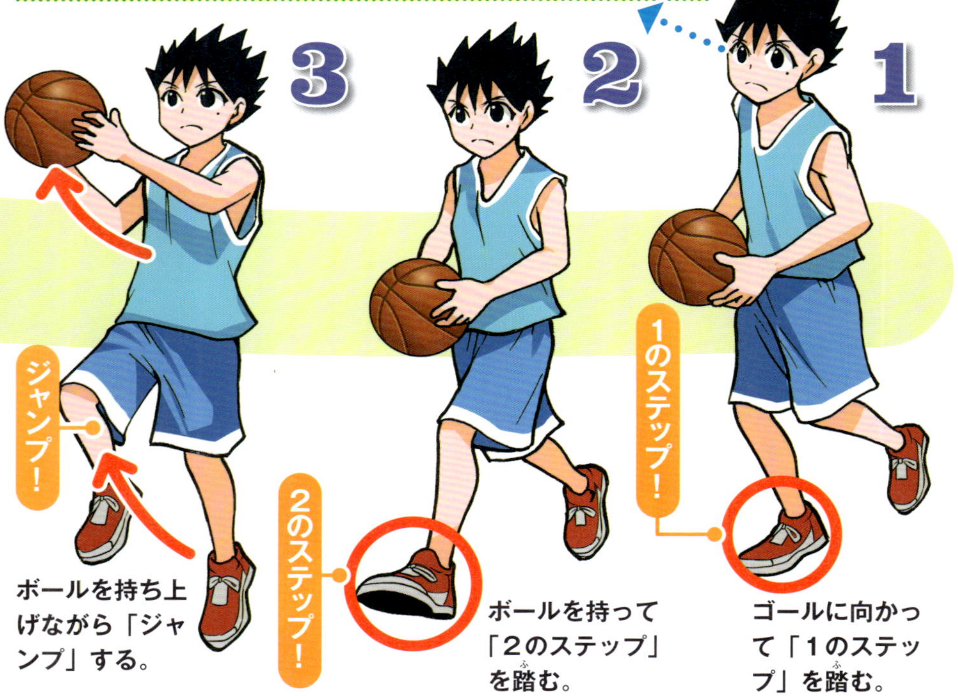
3
2
1
ジャンプ！
2のステップ！
1のステップ！
ボールを持ち上げながら「ジャンプ」する。
ボールを持って「2のステップ」を踏《ふ》む。
ゴールに向かって「1のステップ」を踏《ふ》む。

両手で打つ方法

小学校低学年など、片手《かたて》でボールを上げて打つには手の大きさや腕の力がまだ足りないときは、両手で打つシュートから挑戦《ちょうせん》していこう。

2
1

▶両手でボールを支《ささ》えるように持ち、ボードに向けてやさしく打つのがコツ。

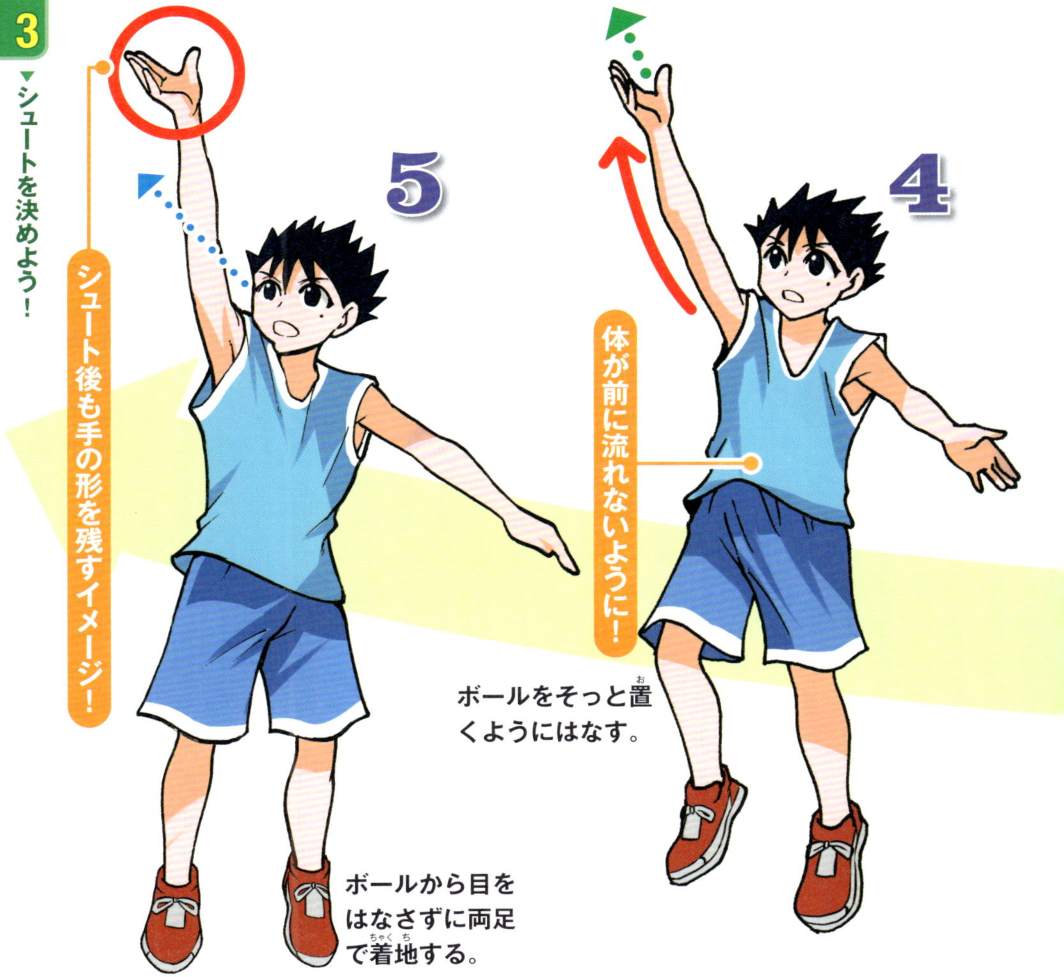
5
4
シュート後も手の形を残すイメージ！
体が前に流れないように！
ボールをそっと置《お》くようにはなす。
ボールから目をはなさずに両足で着地《ちゃくち》する。

うまくなるコツ　バックボードをうまく使おう

バックボードには四角形のラインが記《しる》されている。レイアップでは、このラインの内側にやさしく当てるイメージで打つと、うまく入るので挑戦《ちょうせん》してみよう。

バックボードをうまく使うと、ゴールの確率《かくりつ》が高くなる。

パート③
シュート編
6

ジャンプシュートに挑《ちょう》戦《せん》！

ジャンプシュートは打つ位置が高くなるので、相手にブロックされにくくなる。しかし、ジャンプで体が不安定になりやすいので、バランスよく打てるように何度も練習しよう。

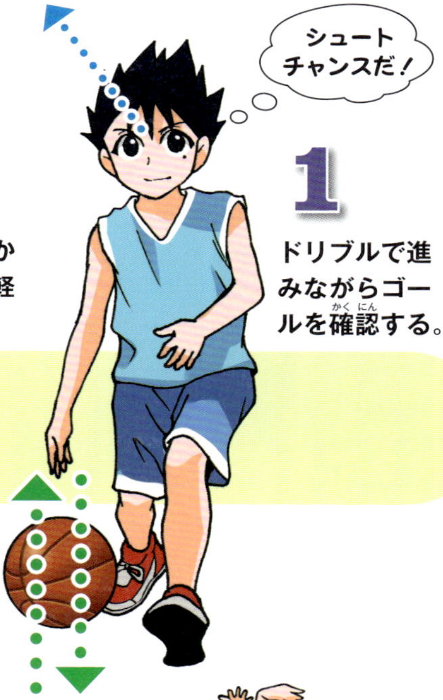

1

ドリブルで進みながらゴールを確《かく》認《にん》する。

2

ボールを両手でつかんで両足で前方に軽くジャンプする。

うまくなるコツ 真っすぐ飛んで真っすぐ着《ちゃく》地《ち》！

ジャンプシュートで大切なのは、体が前後左右に流れず真っすぐ上にジャンプすること。ドリブルからストップ→ジャンプ→着《ちゃく》地《ち》の３つの位置が同じになるように意《い》識《しき》しよう。

体が流れていないか自分の位置を確認《かくにん》する。

片手でジャンプシュート

3

ゴールから目をはなさずにボールをセットする。

4

ボールを片手で持ち、ワンハンドシュートを打つ。

ジャンプした一番高い位置で打つ
両足でしっかりと止まることで真っすぐ上に飛ぶ

両手でジャンプシュート

3

ボールを両手で上げてシュート体勢《たいせい》に入る。

4

両手の力を均等《きんとう》にかけてツーハンドシュートを打つ。

バランスがくずれないように注意する

パート③
シュート編

7

角《かく》度《ど》のないところから打つ！

レイアップシュート（➡P88）は、バックボードにボールを当てて入れることが多い。しかし、ゴールに向かう角度《かくど》によっては当てることができないので、ボードを使わずに打つ方法も知ろう。

●バックボードに当てないレイアップシュート

1
ボールを両手でがっちりつかむ
角度《かくど》がない…
2
ヒザを引き上げて高く飛ぶ
ダンッ！
3

角度《かくど》のない位置からゴールへと向かう。

ゴールを見ながら強く踏《ふ》みこみ、ジャンプする。

指先まで意識《いしき》してレイアップシュートを打つ。

うまくなるコツ

リングの真上から入れる

角度《かくど》がないところからのシュートは、リングの真上からすっぽり入れるイメージで打つのがコツだ。

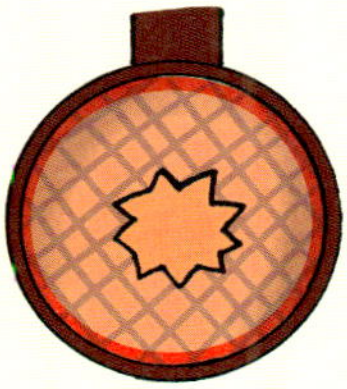

真上から入れると、リングとボールが丸いので一番入りやすい。

レイアップの形を残したまま着地《ちゃくち》する。

バックボードを使いにくい角度《かくど》

ゴールに対して真横から向かうとバックボードを使いにくいし、逆《ぎゃく》にゴールに対して真正面でも、ボードを使うとリングのつけ根に当たってしまうことが多い。角度のないシュートはむずかしいが、うまく決められるようになろう。

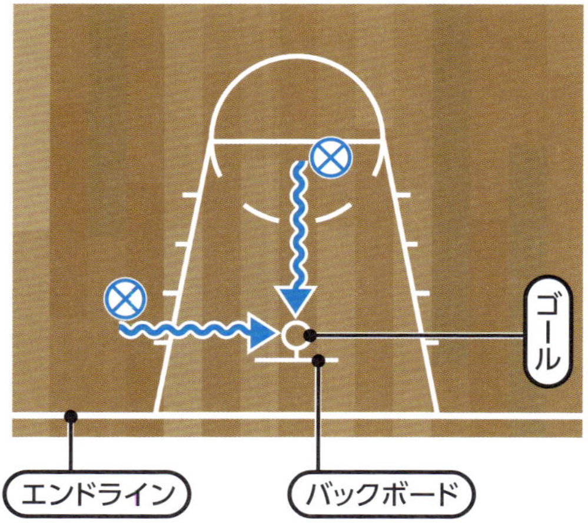

パート③

シュート編

8 ブロックをかわして打つ!

レイアップシュートに対して相手がブロックに来たとき、ゴール下を通《とお》り過《す》ぎてからバックシュートを打つ方法もある。バックボードにうまく当ててシュートを決めよう。

相手の横を抜《ぬ》けるようにゴール下を通り過《す》ぎる。

スピードをコントロールしてジャンプする。

ボールを引き上げてバックボードに当たるように打つ。

バックシュートの打ち方

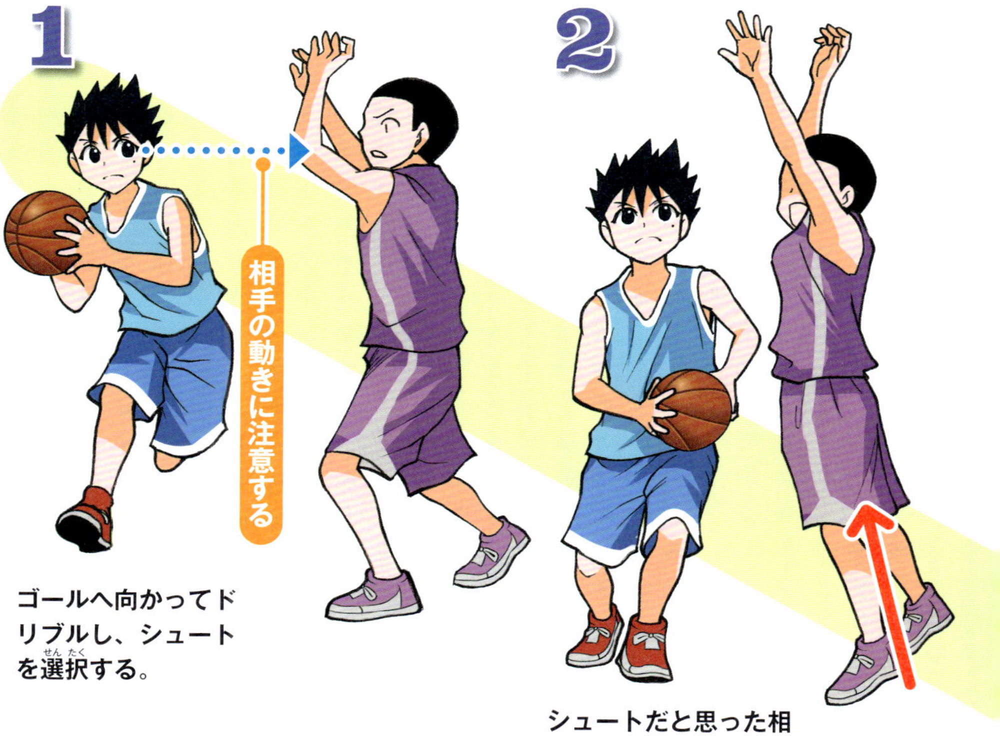

1 ゴールへ向かってドリブルし、シュートを選《せん》択《たく》する。

2 シュートだと思った相手がブロックに来る。

ダブルクラッチ

シュート体勢に入ったあと、空中でボールを持ちかえて打つ方法がダブルクラッチだ。ブロックをかわして打てるのでぜひマスターしよう。

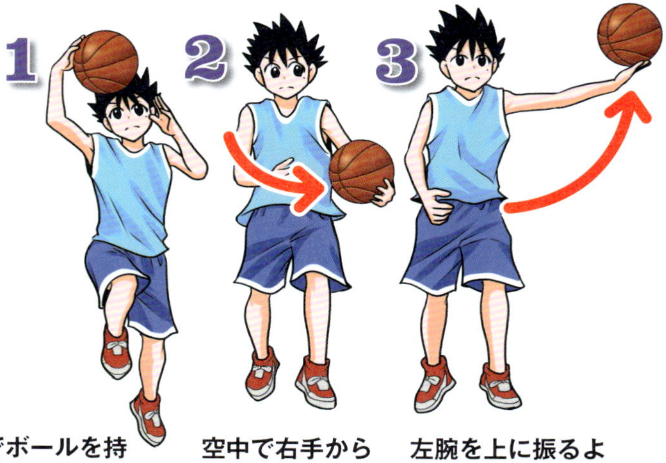

1 右手でボールを持ち、レイアップシュートにいく。

2 空中で右手から左手にボールをもちかえる。

3 左腕を上に振るようにしてシュートを打つ。

パート❸
シュート編
9

高いところからフワリと打つ！

ゴール近くでは、大きな相手にシュートのブロックをねらわれることがある。そんなときは、高い位置からボールをフワリと浮《う》かせて打つフローターシュートに挑戦《ちょうせん》してみよう。

●フローターシュートの打ち方

ブロックに来た！
1
2
左腕で相手からガードする

相手の位置を意識《いしき》しながらゴールへと向かう。

右手でボールを上げながら手首を内側に返していく。

うまくなるコツ 自分に合う止まり方を見つける

フローターシュートは、走りながら片足で踏《ふ》み切ってシュートする方法と、両足ストップ（➡P54）で体を安定させてから打つ方法がある。どちらの打ち方が自分に合うかは、何度も試《ため》してみよう。

4
3
フワッ
空中でも体のバランスをキープ
手のひらがゴールを向く

相手にブロックされないタイミングで、腕をのばしてフワリと打つ。

左足で踏《ふ》み切ってジャンプする。

練習してみよう！

最初はゴールの近くから

フローターシュートは難易度《なんいど》が高いので、まずはゴール下の位置から打つ練習をする。少しずつ距離《きょり》をのばしていき、最後に走りながら打てるように段階《だんかい》を踏《ふ》んで感覚《かんかく》をつかもう。

最初は走らずに近い位置からフォームを意識《いしき》して打つ。

トップ選手
"子ども時代"の
練習法③

電《でん》信《しん》柱《ばしら》をゴールにしてシュート練習!

勝負どころで絶対に決める
3ポイントシューター!

松井《まつい》啓十郎《けいじゅうろう》
（トヨタ自動車アルバルク東京）

僕《ぼく》がバスケットを始《はじ》めたのは小学校1年生ですが、きっかけは父がボールをプレゼントしてくれたことでした。そのボールを持って、大人用のゴールがある公園《こうえん》で遊《あそ》んだり、体育館《たいいくかん》に行って大人に混《ま》ざって試合形式の練習に参加《さんか》したりしていました。

そのころはよく家の前で**ドリブル練習**をしたり、**"電信《でんしん》柱《ばしら》にボールをぶつけるシュート練習"**をしていました。電《でん》信柱《しんばしら》の3メートルくらいの上のところに目印《めじるし》があったので、それを目がけてシュートをくり返すんです。電信柱《でんしんばしら》は丸いので、真っすぐに打たないと右や左にズレて自分の手元《てもと》に戻《もど》ってこない。だから**正しいシュートフォームを意識《いしき》して、1本1本に集中《しゅうちゅう》して**打っていました。シュートの基礎《きそ》はこのころ身についたと思います。

父から**「練習は疲《つか》れてからが本当の練習だ」**と教えられてきたので、練習の合間《あいま》の休《きゅう》憩中《けいちゅう》も「休憩《きゅうけい》はフリースローを5本連続で決めてから!」と自分でルールを決めてやっていました。この考え方は今も変わりません。

パート

4

パス編

仲間《なかま》と協力《きょうりょく》してボールを回《まわ》そう!

ポイント

試合《しあい》に勝《か》つためには、仲間《なかま》と協力《きょうりょく》しながら攻《こう》撃《げき》する必要《ひつよう》がある。そこで、みんなでボールを渡《わた》しあうパスのテクニックを覚えよう。さまざまなパスの種類《しゅるい》があるので、試合《しあい》で使《つか》い分《わ》けられるようになろう！

準決勝《じゅんけっしょう》
オーシャンドルフィンズ
VS
フェニックス
ワァ
ワァ
ダダダダ
くそっ……

グイイ
ムチャだ! やめとけ!
ピ
オフェンス チャージング!
チャージング
攻撃《こうげき》の選手《せんしゅ》が守備《しゅび》の選手《せんしゅ》に体当《たいあ》たりするファウル。
くそっ!
ワー
今日《きょう》は調子《ちょうし》悪《わる》いな ツバサのヤツ
いや ツバサの調子《ちょうし》は決《けっ》して悪《わる》くない
相手《あいて》が万全《ばんぜん》の対策《たいさく》を立《た》ててきたということだ……
トーン
タイムアウト!
タイムアウト
休息《きゅうそく》や作戦《さくせん》の伝達《でんたつ》に使《つか》う時間《じかん》。前《ぜん》半《はん》・後半《こうはん》に各《かく》1回《かい》、60秒間《びょうかん》取《と》れる。

監督《かんとく》戦況《せんきょう》を見《み》て早《はや》めに動《うご》いたわ
なんでそんな作戦《さくせん》にするんだよ！
ビクッ
ハァッ
ハァッ
この試合《しあい》に勝《か》つためだ
異論《いろん》は認《みと》めん
みんな決勝《けっしょう》に行《い》くぞ！
はいっ！
ダム
ダム
へい パス！
キュ
キュッ

チェック! バウンズパスのコツ

120ページへ

ズパッ
よぉおおしっ！
ワァ
ダム
ダム
バシッ
ようやくオレに
パスがきたぜ！
行くぜ！

マークが3人《にん》も……!
ツバサパスだっ!
この試合《しあい》ツバサの個人技《こじんぎ》は封印《ふういん》してパスでつないで得点《とくてん》するぞ!
オレはSF《スモールフォワード》だ!
ダンッ
自分《じぶん》のシュートで得点《とくてん》する!

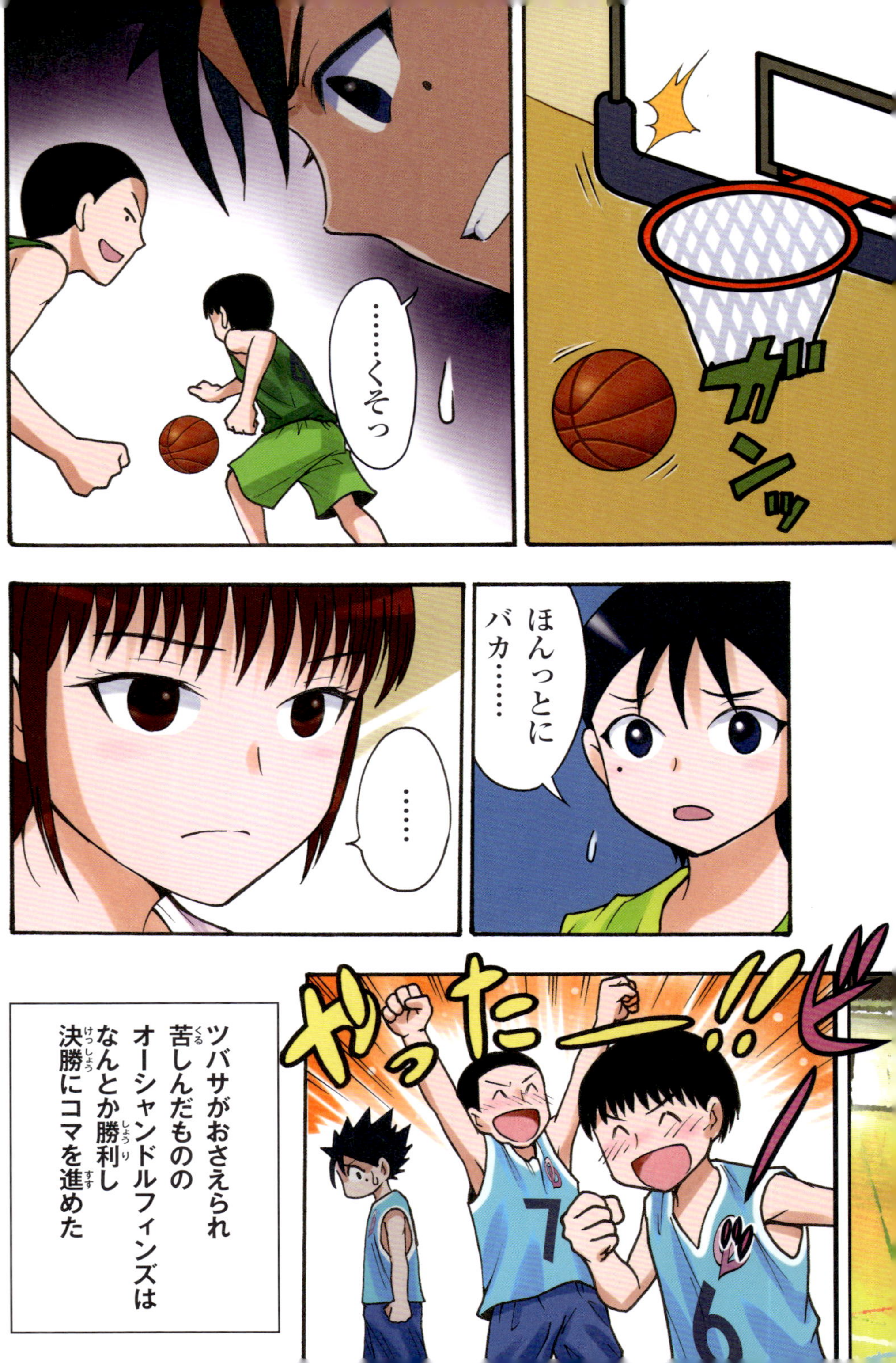
ガンッ
……くそっ
ほんっとにバカ……
……
やったー!!
ツバサがおさえられ
苦《くる》しんだものの
オーシャンドルフィンズは
なんとか勝利《しょうり》し
決勝《けっしょう》にコマを進《すす》めた

4
準決勝《じゅんけっしょう》の後《あと》
いつもの体育館《たいいくかん》
よーし みんな! 男子《だんし》は来週《らいしゅう》に決勝《けっしょう》 女子《じょし》は明日《あした》準決勝《じゅんけっしょう》だな!
気合《きあ》いを入《い》れて練習《れんしゅう》するぞ!
はい!
ツバサくん
ちょっと……
ドキッ
えっ?

こ ここは体育館裏《たいいくかんうら》 ウワサに聞《き》く 告白《こくはく》スポット……!
ドキ…
アイコちゃんが オレに……!?
ドキドキドキ
ツバサくん
さっきの試合《しあい》 どうしてパスを 出《だ》さなかったの?
…へ?
いや オレは 点《てん》を取《と》るのが 仕事《しごと》で……
ツバサくんには ずっとふたりの相手《あいて》が ついてたじゃない
それは……

バスケはチームスポーツよ！試合《しあい》はツバサくん個人《こじん》のものじゃないわ
そんなこともわからないなんて……
最低《さいてい》よ！
話《はなし》はそれだけよ
…サ
サイテー……
ダム
ダム
キュ
キュ

はい次《つぎ》！
バシッ
ナイッシュー！
決勝《けっしょう》の相手《あいて》はクボのいるレッドタイタンズに決《き》まった
うーーむ
ツバサへのマークはより厳《きび》しくなるだろう……
決勝《けっしょう》ではパスワークが勝敗《しょうはい》のポイントになる！
ランニングパスは大切《たいせつ》だぞ！
パスワーク
チームで協力《きょうりょく》してパスを送《おく》り合《あ》う動《うご》き。
ダム
ダム
バシッ

チェック! ランニングパス

▶124ページへ

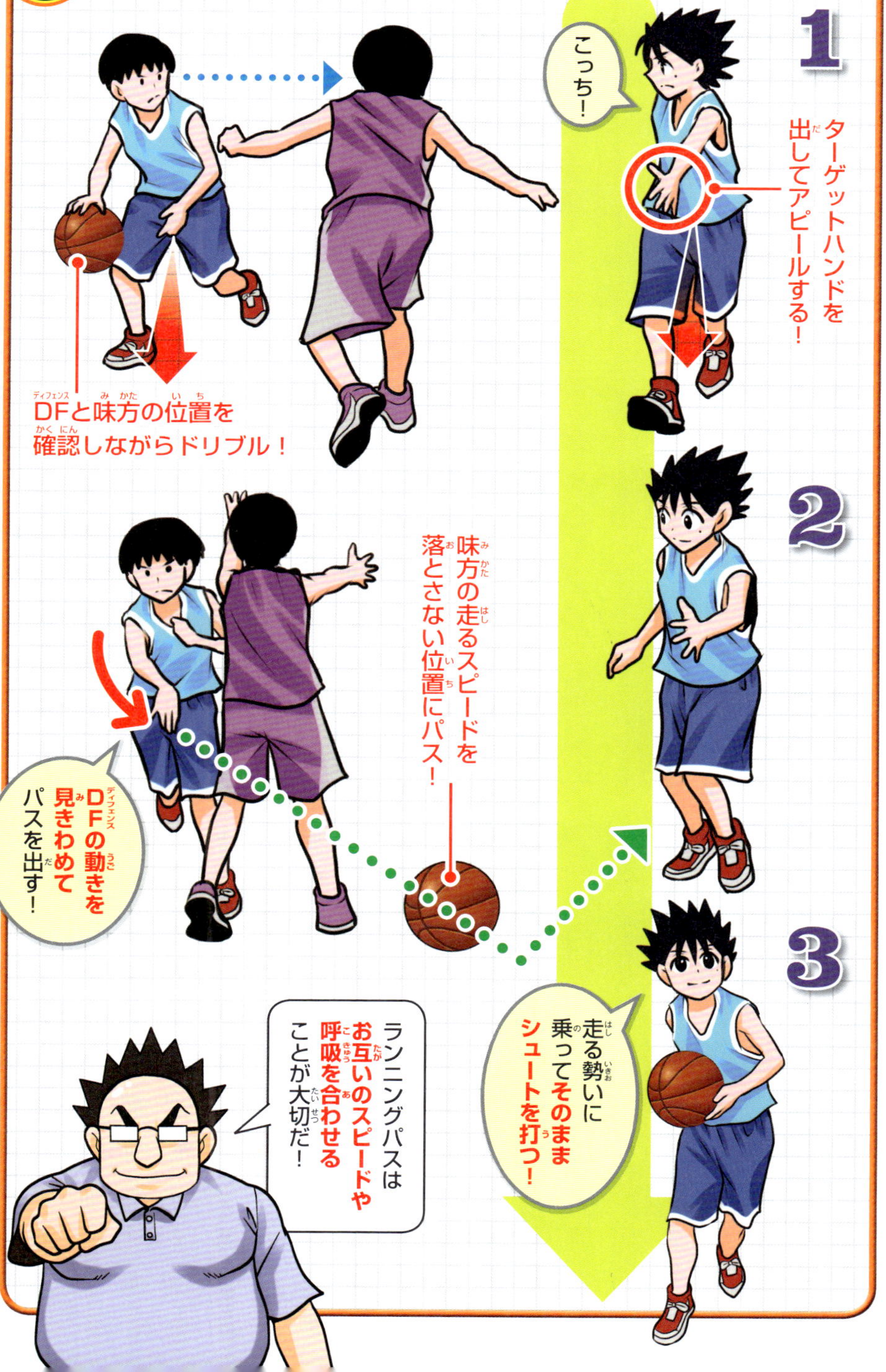

バスケはチームスポーツ
そんなことわかってる！
ダダダダ
バシッ
だからこうして……仲間《なかま》からボールを受《う》けて一番《いちばん》得点《とくてん》力《りょく》のあるオレがシュートを決《き》めるんじゃないか！
ザッ
ビシッ
どうだっ！

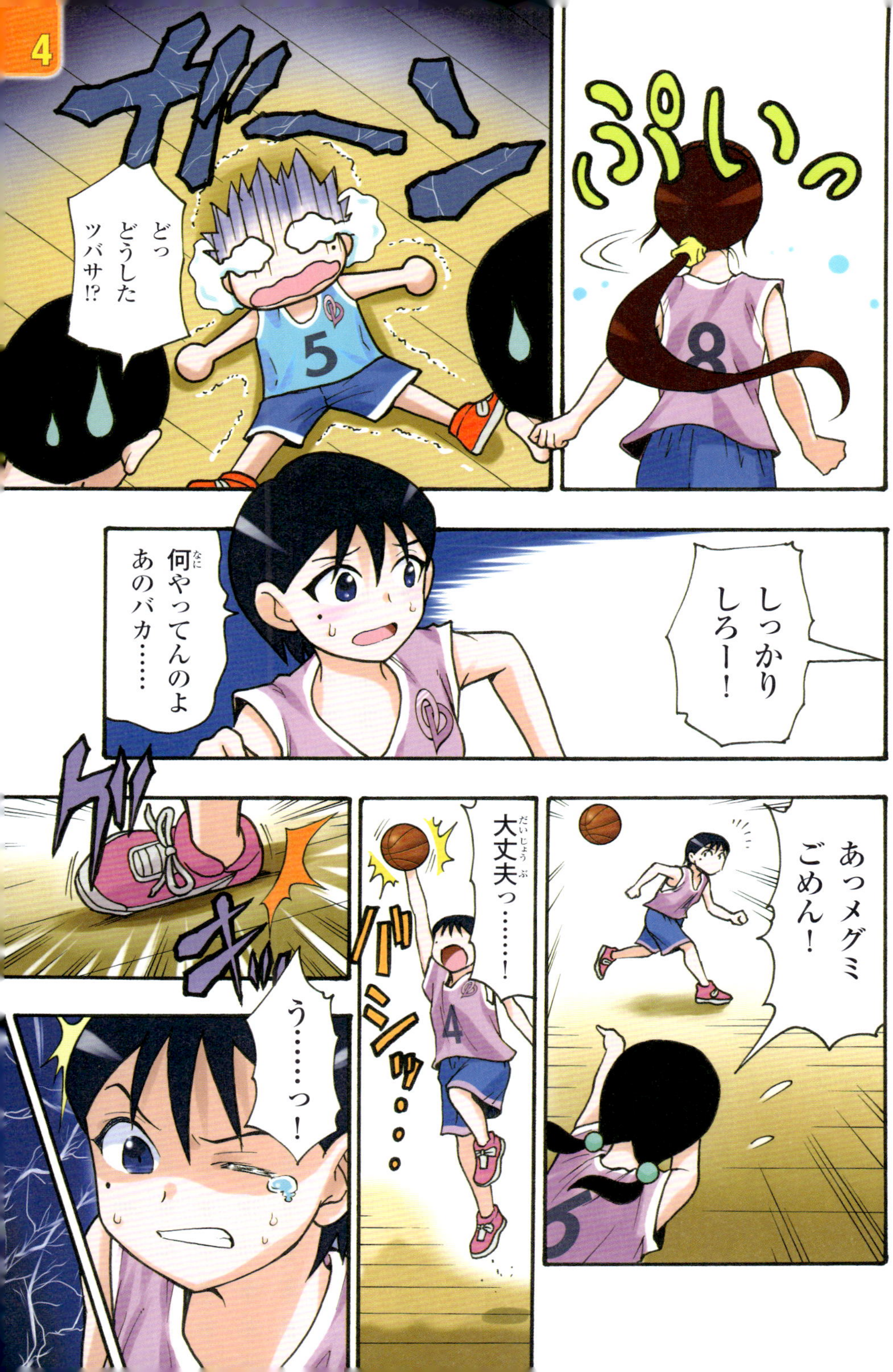
ぷいっ
ガーン
どっ どうしたツバサ!?
しっかりしろー!
何《なに》やってんのよ あのバカ……
あっメグミ ごめん!
大丈夫《だいじょうぶ》っ……!
バシュッ……
グキッ
う……っ!

パート④
パス編

1 トリプルスレットの基《き》本《ほん》姿《し》勢《せい》!

トリプルスレットとは、シュートやドリブル、パスなど、さまざまな動作《どうさ》にすぐ移《うつ》るための基本《きほん》の姿勢《しせい》のこと。ボールを持ったらすぐにこの姿勢《しせい》をとろう。

●トリプルスレットの姿勢《しせい》

正面から
顔
しっかり上げてまわりをよく見る
両足
肩幅《かたはば》くらいに開《ひら》き、体を安定させる
逆の手
ボールの横にそえておさえる
横から
上半身
軽く前かがみで動きやすい体勢《たいせい》になる
利き手
ヒジと手首を曲げて、ボールを上からつかむ
ヒザ
すぐに動き出せるように少し曲げる

うまくなるコツ 正しくボールを持つ

しっかりとボールを持つには、5本の指（とくに親指と人差し指）の間を大きく開《ひら》いて持つことが大切だ。

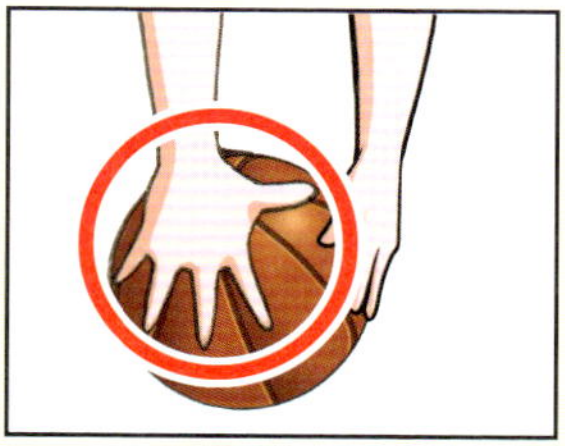

◀5本の指を開《ひら》いて安定させる。

●トリプルスレットからのプレー

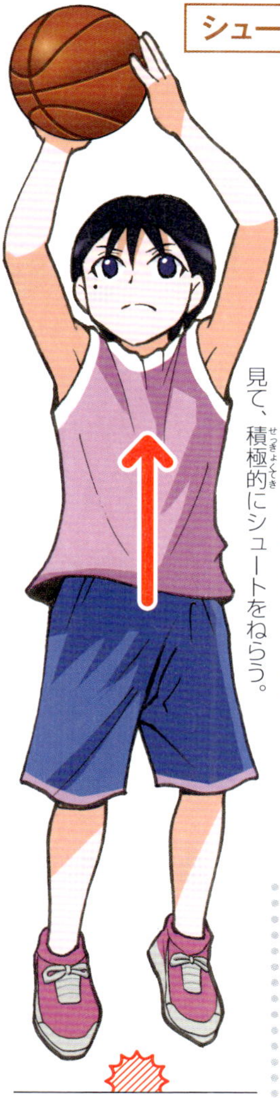

ボールを持ったらかならずゴールを見て、積極的《せっきょくてき》にシュートをねらう。

まわりを見て仲間《なかま》の力を生《い》かせる状況《じょうきょう》なら、すかさずパスを出す。

ボールをキープしたり、相手をかわしたいときはドリブルを選《えら》ぶ。

まわりに頼《たよ》りすぎない

ボールを持った瞬間《しゅんかん》からパスの相手をキョロキョロと探《さが》してしまうと、攻撃《こうげき》のスピードが落ちて相手におさえられてしまう。いつも積極的《せっきょくてき》に自分でシュートをねらい、相手が引きつけられたらパスを出すようにしよう。

パート❹
パス編

2 チェストパスを出す!

自分の胸《むね》の前にあるボールを、相手の胸《むね》に向けて両手でパスする方法をチェストパスという。速《はや》く正確《せいかく》にボールを渡《わた》せるパスなので、最初にマスターしたいテクニックだ。

●チェストパスの出し方

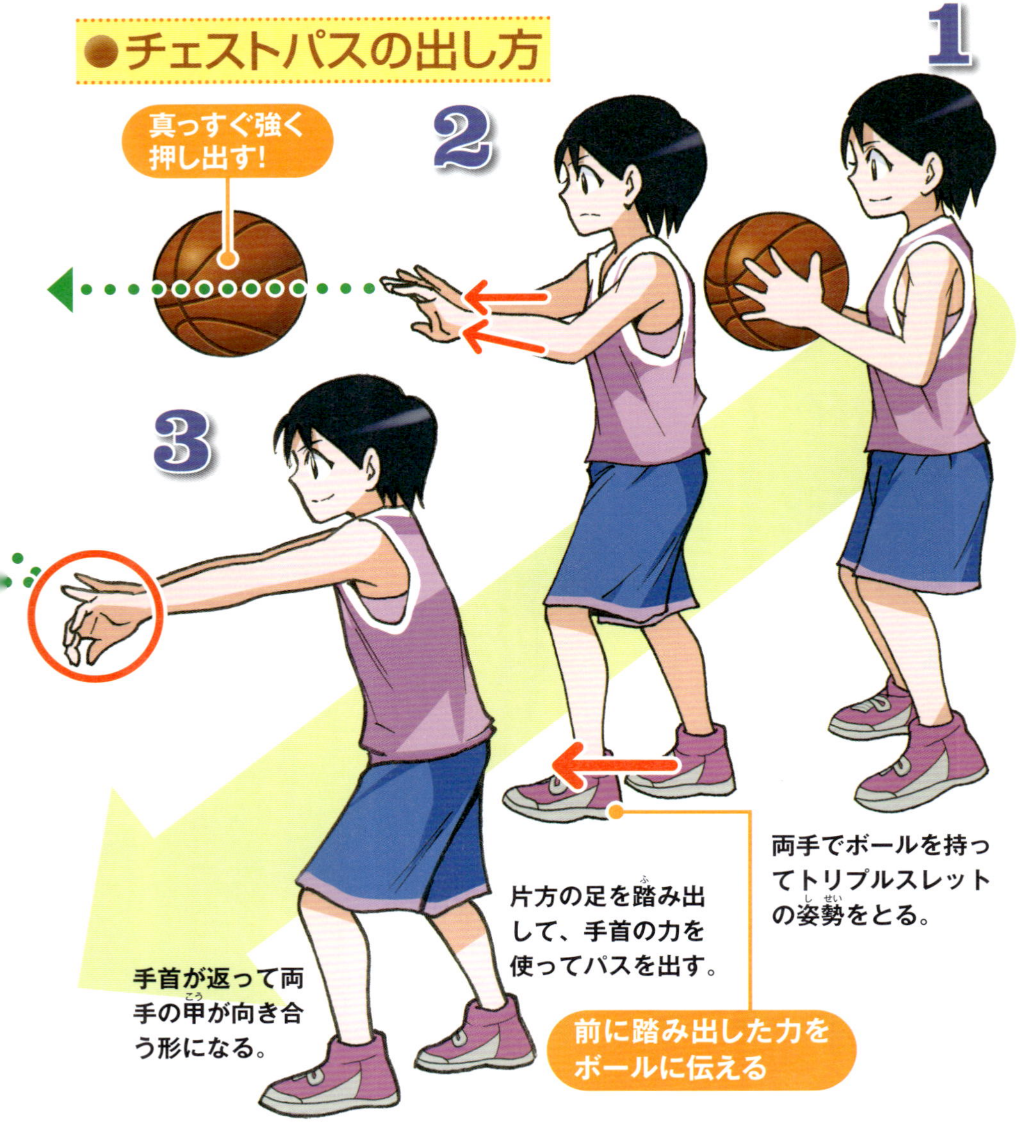
1
両手でボールを持ってトリプルスレットの姿勢《しせい》をとる。
2
真っすぐ強く押し出す!
片方の足を踏《ふ》み出して、手首の力を使ってパスを出す。
前に踏み出した力をボールに伝える
3
手首が返って両手の甲《こう》が向き合う形になる。

練習してみよう!

2人1組でパス交換《こうかん》

5メートルくらいはなれて向かい合い、チェストパスを出し合う。正しいフォームか、胸《むな》もとにパスが届《とど》いているか、お互《たが》いにチェックしながらやると効果《こうか》が上がるので試してみよう。

パスの出し方と受け方の両方の練習をする。

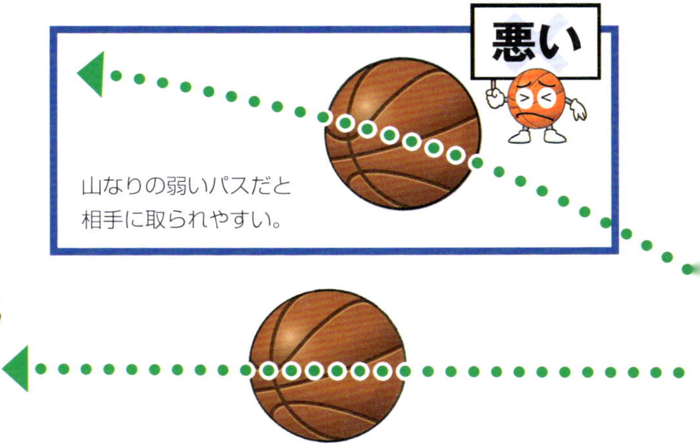

山なりの弱いパスだと相手に取られやすい。

うまくなるコツ

ワキをしめる

ヒジを張《は》った構《かま》えだと、腕の力だけに頼《たよ》るパスになるので注意《ちゅうい》だ。軽くワキをしめる意識《いしき》を持とう。

全身の力を使うためにワキをしめる。

◎ワキが空《あ》くと腕の力しか使えない。

3 プッシュパスを出す！

目の前に相手がいて、胸《むね》の前から両手でパスを出せないときは、ボールを横にずらして片手で押《お》し出すプッシュパスが有効《ゆうこう》だ。左右両方の手で使えるように練習をつもう。

●プッシュパスの出し方

1

自分の左側にボールを移動《いどう》しながら左足を踏《ふ》み出す。

2

体の横から左手で押《お》し出すようにパスする。

手首のスナップをしっかりきかせる

練習してみよう！

ボールなしでフォームチェック

体のバランスがくずれたり、ねらったところにパスが届《とど》かないときは、ボールなしでフォームを確認《かくにん》する。下半身と上半身の動き、腕や手首の使い方などに注意《ちゅうい》して、ほかの人にも見てもらおう。

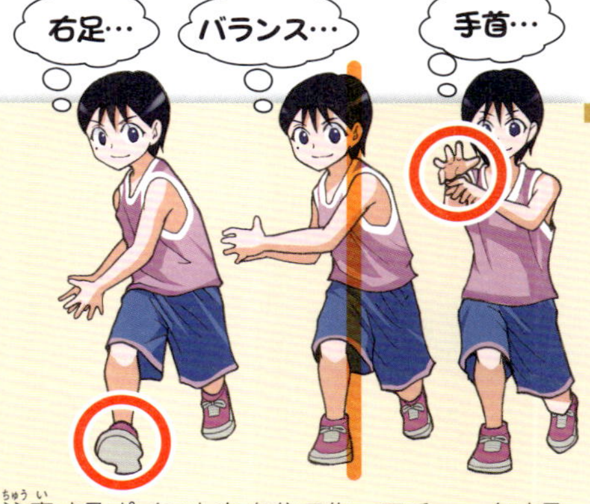
右足…
バランス…
手首…

注意《ちゅうい》するポイントを自分で作ってチェックする。

足をクロスさせるプッシュパス

パスを出す手と逆側《ぎゃくがわ》の足をクロスするように踏《ふ》み出してパスする方法もある。このステップは、相手とボールの間に体を完全に入れることができるので、うばわれる危険《きけん》がない。

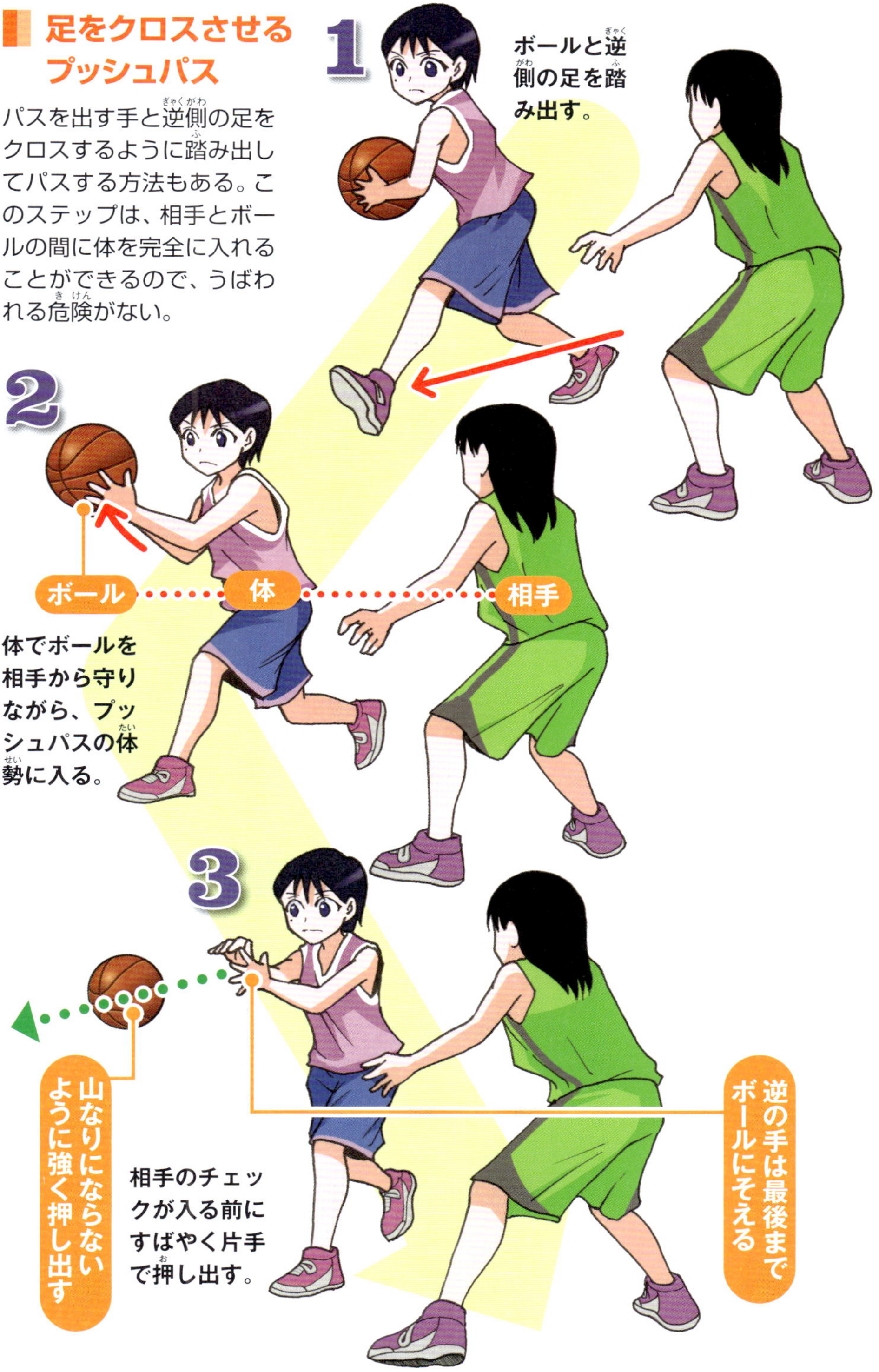

パート④
パス編
4

バウンズパスを出す!

ノーバウンドで通《とお》すパスを相手にねらわれているときは、ボールをコートにバウンドさせるバウンズパスを使おう。両手と片手の出し方があるので、両方できるようにしておこう。

●両手でバウンズパス

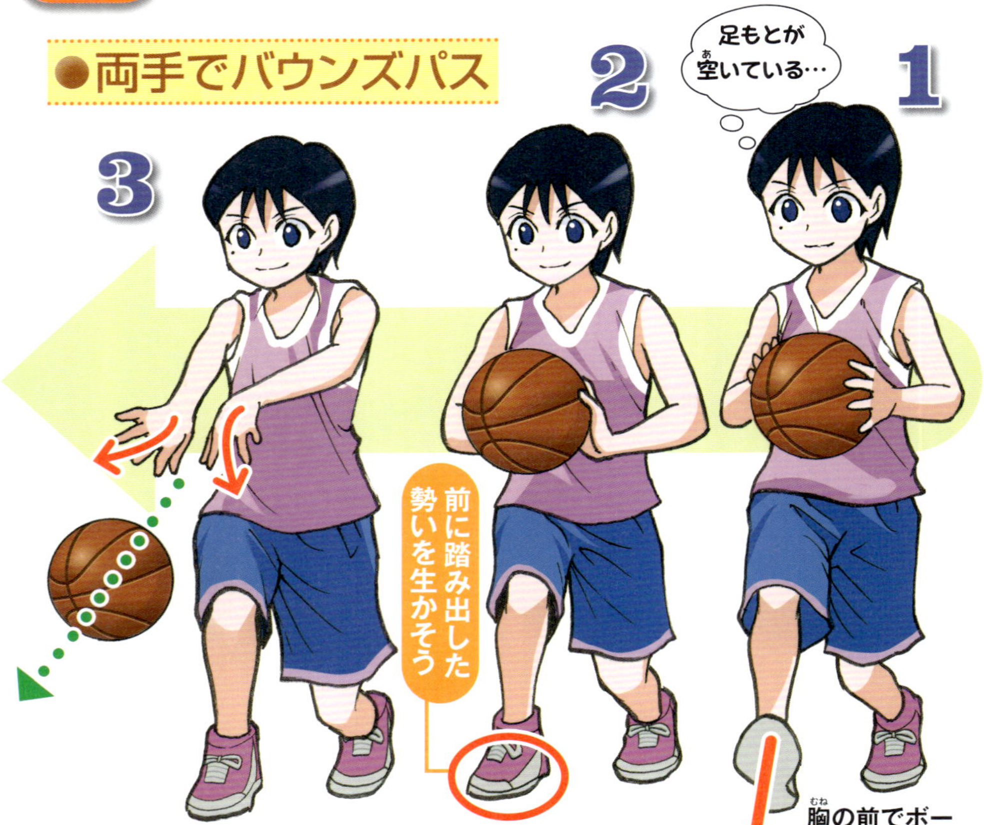
1
足もとが
空《あ》いている…
2
前に踏み出した勢いを生かそう
3

1 胸《むね》の前でボールを持って片足を踏《ふ》み出す。

2 踏《ふ》み出したヒザを曲げて低い姿勢《しせい》をとる。

3 両手のスナップを使い、ボールをバウンドさせる。

バウンドのねらい目

自分とパスの受け手の距《きょ》離《り》を計算《けいさん》に入れ、真ん中ではなく相手に近い3分の2くらいのところにバウンドさせよう。

自分と受け手の3分の2
くらいの位置が目安《めやす》。

うまくなるコツ

ボールの回転をうまく使う

バックスピン（逆回転《ぎゃくかいてん》）は受け手がとりやすく、トップスピン（順回転《じゅんかいてん》）はバウンドした後にのびるという特《とく》徴《ちょう》があるので使い分けよう。

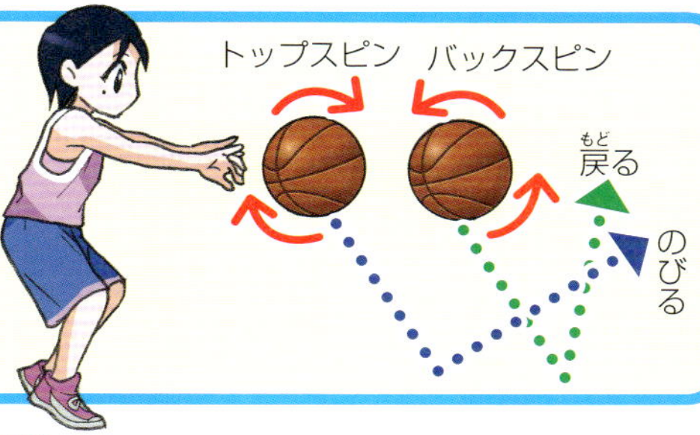
トップスピン
バックスピン
戻《もど》る
のびる

●片手でバウンズパス

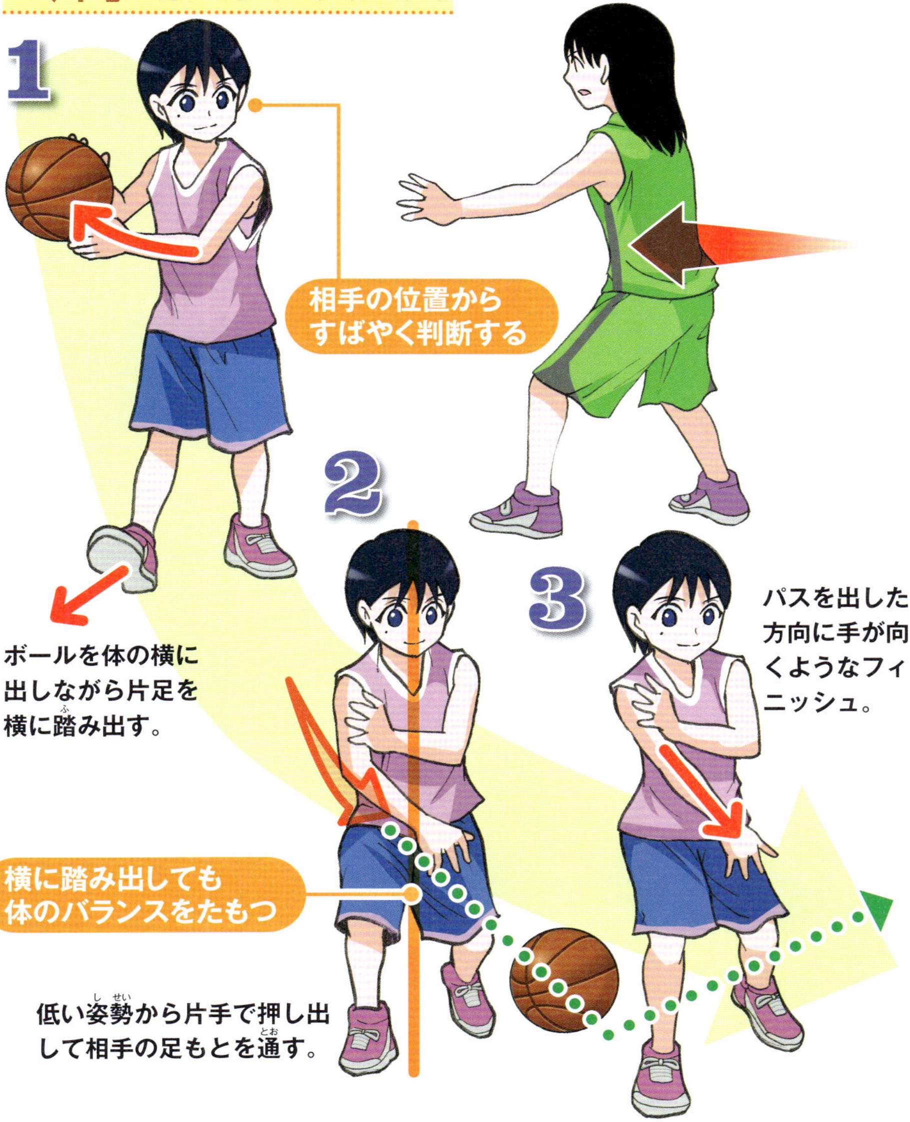
1
相手の位置から
すばやく判断する
2
3
横に踏み出しても
体のバランスをたもつ

1 ボールを体の横に出しながら片足を横に踏《ふ》み出す。

2 低い姿勢《しせい》から片手で押し出して相手の足もとを通《とお》す。

3 パスを出した方向に手が向くようなフィニッシュ。

パート④
パス編
5

オーバーヘッドパスを出す!

相手が低い姿勢《しせい》をとっていたり、自分のほうが相手より背が高いときには、頭の上からオーバーヘッドパスを出してみよう。一度バウンズパスを出すふりをするのも有効《ゆうこう》だ。

●オーバーヘッドパスの出し方

左右の手の力を均等にかける
1
ボールをすばやく上げていく。
2
おでこのあたりでもOK
片足を一歩踏《ふ》み出し、頭の上あたりにボールを上げる。
3
腕と手首の力を使って強くパスを出す。
悪い
◀頭の後ろまでボールを大きく振《ふ》りかぶると、相手にうばわれるので注意《ちゅうい》。

●フェイクを入れてからオーバーヘッドパス

ジャンプしてもOK

より高いところからパスを出すなら、ジャンプのパスも有効《ゆうこう》だ。ただし、パスを出せずに着地《ちゃくち》するとトラベリングになるので、確実《かくじつ》にパスを出せるときだけにしよう。

パート④
パス編
6

ランニングパスに挑《ちょう》戦《せん》!

止まった状態《じょうたい》からだけではなく、おたがいに走りながらパスを交《こう》換《かん》するランニングパスに挑戦しよう。試合では、ボールをうばって一気に攻め上がる速攻《そっこう》のときなどに使える技術だ。

●チェストパスで出すランニングパス

1
2人で走りながらパスのタイミングをとる。
スピードを合わせる
受けたいところに手を出す
2
相手のスピードを考えてチェストパスを出す。
3
パスを受けた選《せん》手《しゅ》は、スピードをコントロールしてシュートを打つ。

少し先にパスを出すイメージ

ランニングパスのコツは、パスの出し手が受け手の走る少し先にボールを届《とど》かせるイメージを持つこと。おたがいに前へ前へと走ることで、スピードに乗った攻撃《こうげき》ができるようになる。

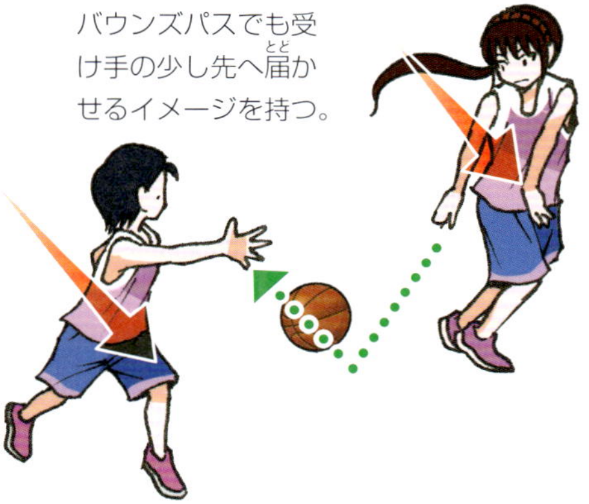
バウンズパスでも受け手の少し先へ届《とど》かせるイメージを持つ。

悪い
あっ！
タイミングを読《よ》み違《ちが》えると、ミスや走るスピードが落ちる。

練習してみよう！

三角形でランニングパス

三角形の角《かど》にそれぞれ列《れつ》を作ってランニングパスの練習をしよう。チェストパスやバウンズパスを出し、パスを出した方向の列《れつ》の後ろに並《なら》ぶという動きをくり返す。時間を決めて逆回《ぎゃくまわ》りもやってみよう。

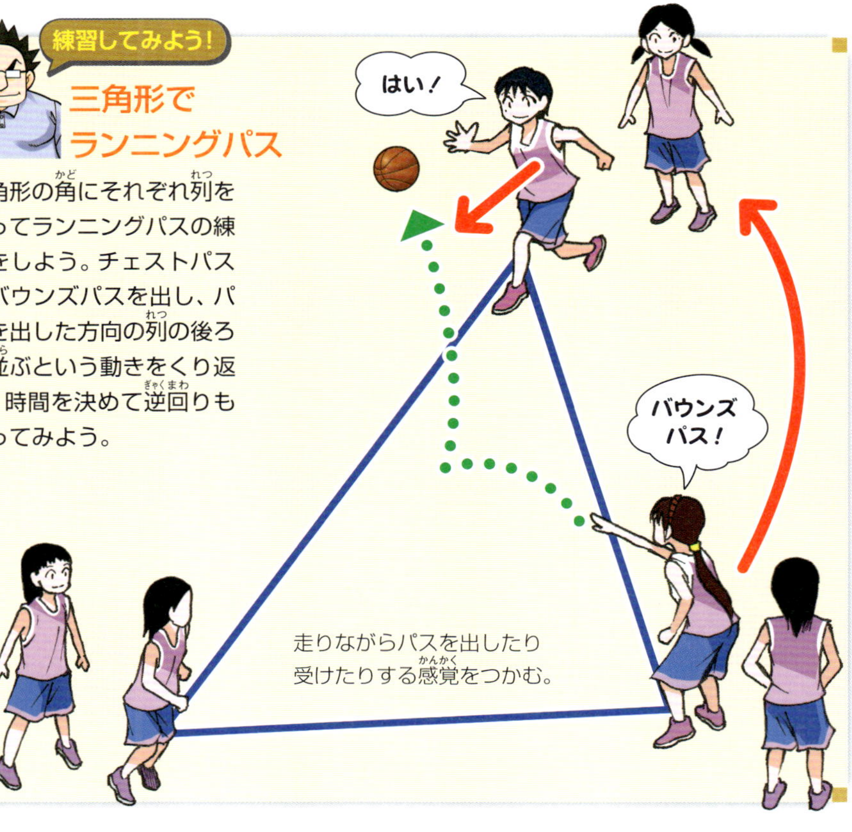
はい！
バウンズパス！
走りながらパスを出したり受けたりする感覚《かんかく》をつかむ。

パート④
パス編

7 ジャンプストップでパスを受ける！

自分に出されたパスをただ待っていると、相手にカットされてしまう危険《きけん》もある。そこで自分からボールのほうに走って積極的《せっきょくてき》にパスを受ける“ボールミート”の動きを覚《おぼ》えよう。

●ジャンプストップのボールミート

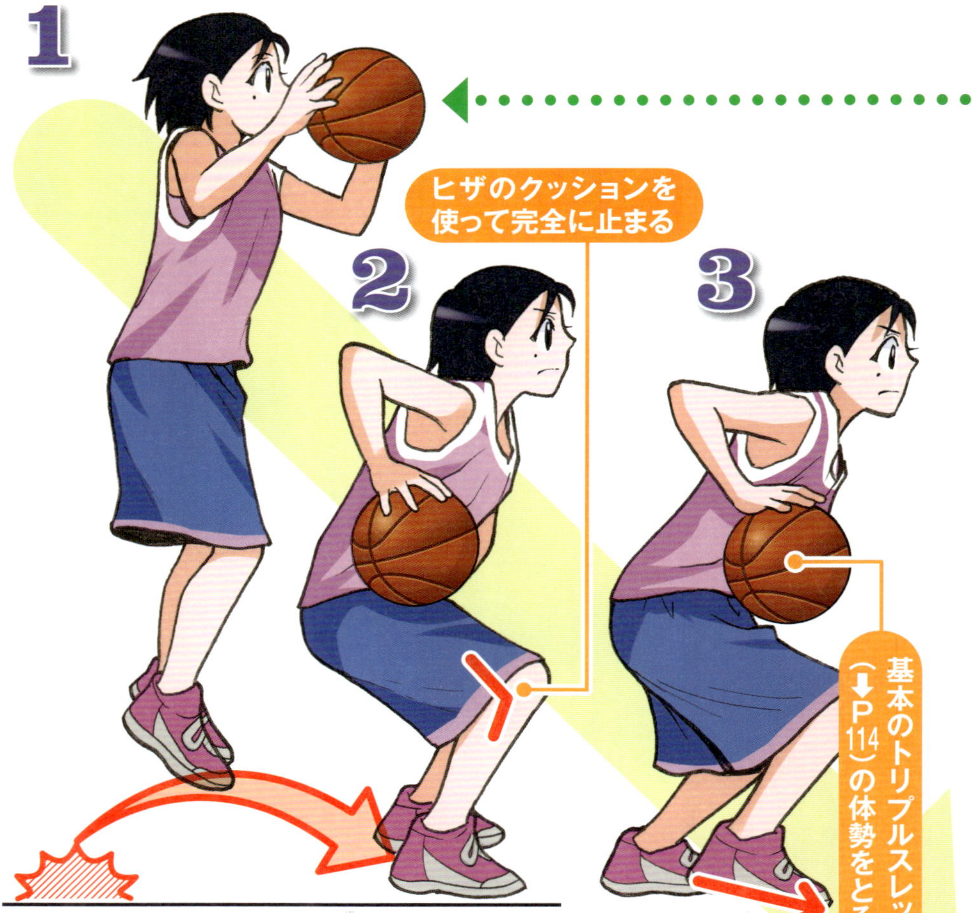
1
2
3
ヒザのクッションを使って完全に止まる
基本のトリプルスレット（→P114）の体勢をとる

1 ボールに向かってジャンプし、両手でボールをつかむ。

2 ヒザを軽く曲げて両足を同時に着地《ちゃくち》する。

3 最初の一歩を踏《ふ》み出して攻撃体勢《こうげきたいせい》をとる。

1歩踏み出すときに注意

ジャンプストップは両足同時に着《ちゃく》地《ち》するので、どちらの足から出してもOKだ。ただし、たとえば右足を踏《ふ》み出したら、ドリブルするまでは軸足《じくあし》の左足を絶対に動かさないこと。左足がズレたり浮《う》いたりしたらトラベリングになるので注意《ちゅうい》しよう。

軸足をはなすとトラベリング!

右足を出したら左足が軸足《じくあし》になる。ボールをつくまでは左足を動かさない。

練習してみよう!

1人でジャンプストップの練習

自分でコートにボールをバウンドさせて、ジャンプストップを練習してみよう。はね返ったボールにタイミングを合わせてジャンプし、両足で着地《ちゃくち》する感覚《かんかく》をつかむ。トリプルスレットの体勢《たいせい》をとるのを忘れないように。

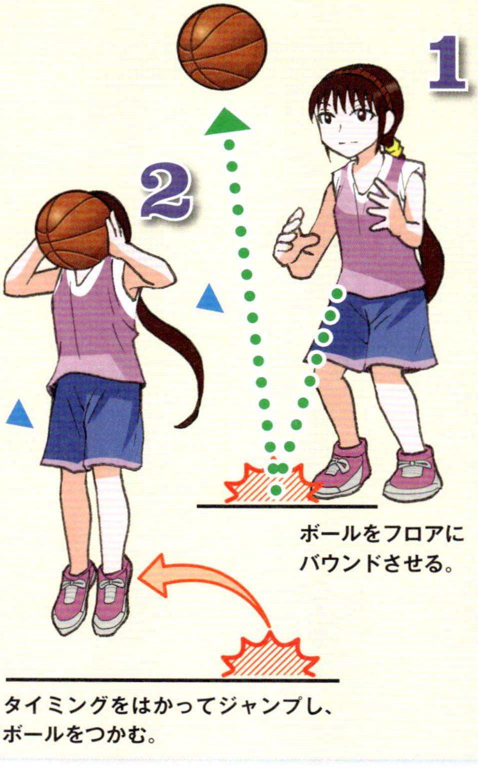
1
ボールをフロアにバウンドさせる。
2
タイミングをはかってジャンプし、ボールをつかむ。

3
両足で着地《ちゃくち》してトリプルスレットの体勢《たいせい》をとる。

8 ストライドストップでパスを受ける！

片足ずつ着地《ちゃくち》するストライドストップは、横からのパスを受けるときにも役立《やくだ》つ。1歩目でゴールへ方向転換《ほうこうてんかん》して踏《ふ》みこみ、2歩目でしっかりと止まる動きを身につけよう。

4
体のバランスを意識する
1歩目
5
すぐにシュート体勢に入る！
2歩目

左足を踏《ふ》みこんで1歩目にする。

右足を踏《ふ》みこんで2歩目にし、完全に止まる。

うまくなるコツ 1歩目で方向を決める

ストライドストップは、1歩目で行きたい方向に体を向けることが大切《たいせつ》。つま先とヒザの向きをしっかり向ける意識《いしき》を持つと、2歩目もスムーズに踏《ふ》みこめるはずだ。

2歩目
1歩目

つま先とヒザを行きたい方向に向けて踏《ふ》みこむ。

●ストライドストップの“ボールミート”

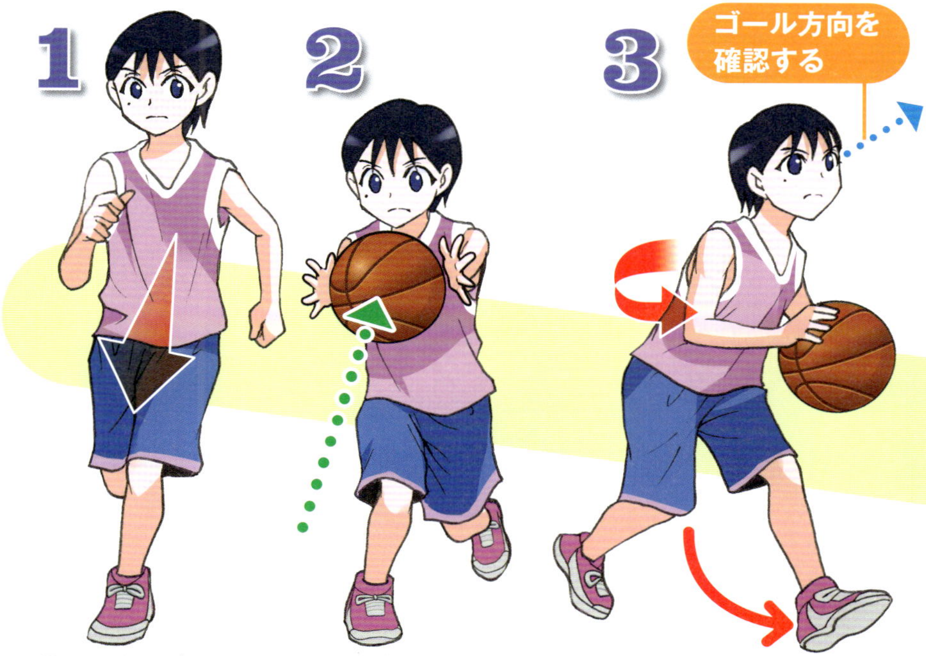
1
2
3
ゴール方向を
確認する

1 横からくるボールに走り寄《よ》る。

2 パスを受ける体勢をとる。

3 パスを受けて左足をゴール方向に踏《ふ》み出す。

練習してみよう!

軸足《じくあし》をはなさないピボット練習

ストライドストップは、1歩目が軸足、2歩目が自由に動かせる足となる。軸足を床からはなさず、もう一方の足を前後左右に動かすことをピボットという。この動きを練習してみよう。

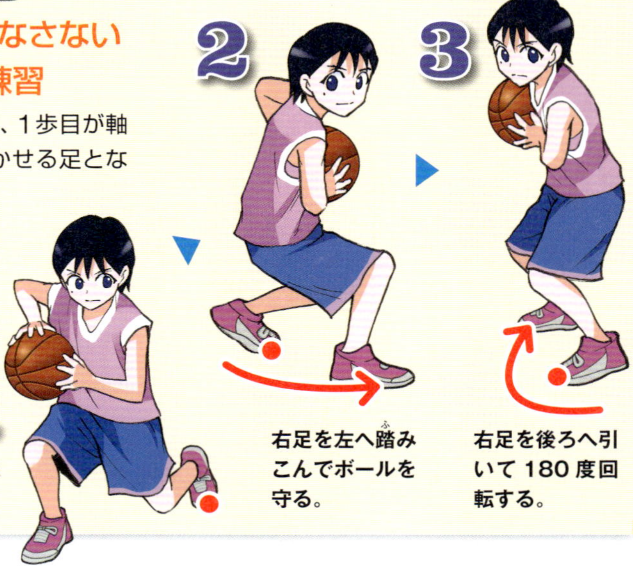
1
2
3

1 左足が軸足《じくあし》、右足が動かせる足。

2 右足を左へ踏《ふ》みこんでボールを守る。

3 右足を後ろへ引いて 180 度回転する。

パス交《こう》換《かん》を工《く》夫《ふう》する!

いろいろなパスの出し方や受け方をマスターしたら、パス交換《こうかん》を工夫《くふう》していこう。ボールを2つ使ったり、相手を入れてプレッシャーをかけた練習をすることで、レベルアップを目《め》指《ざ》そう。

●ボールを2つ使ってパス交換《こうかん》

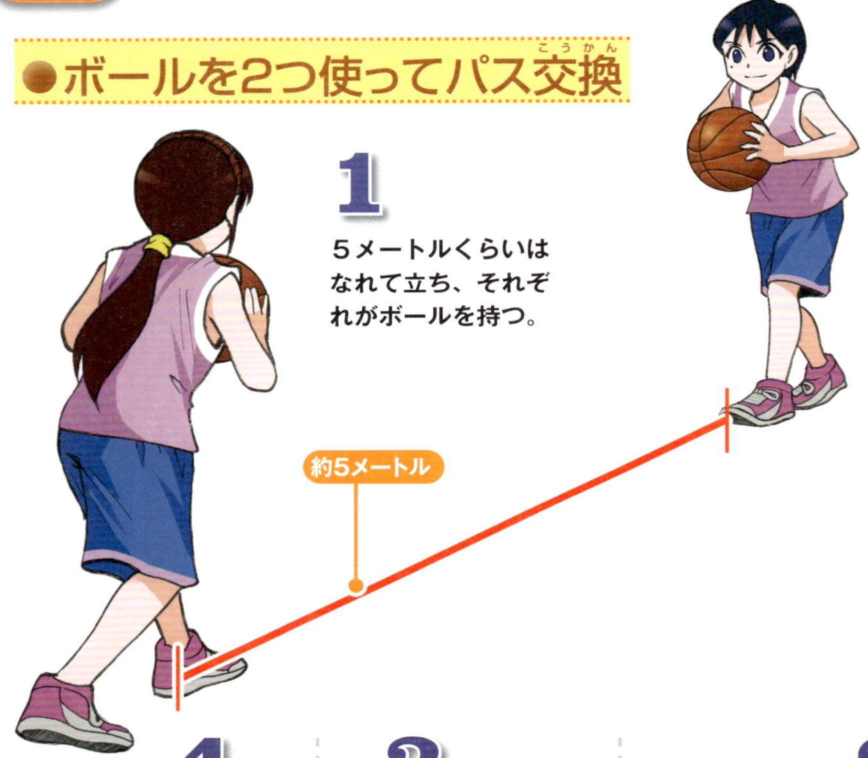

1

5メートルくらいはなれて立ち、それぞれがボールを持つ。

4

何度か行ったらパスの種類《しゅるい》を交代《こうたい》する。

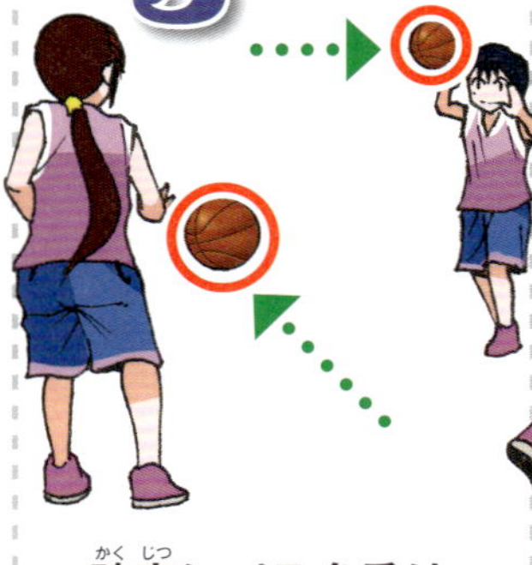

3

確実《かくじつ》にパスを受け、この動きをくり返す。

2

1人がチェストパス、もう一方がバウンズパスを出す。

●相手をかわしてパス交換《こうかん》

うまくなるコツ

相手を観察《かんさつ》する

自分の動きに対して、相手がどんな反応《はんのう》（姿《し》勢《せい》や手足の動き、体の向き）をするかを観察《かんさつ》して、瞬時《しゅんじ》に空《あ》いたスペースを探《さが》そう。どんなパスを選択《せんたく》するか考えることで、より実戦《じっせん》に近い練習になるぞ。

1

対面《たいめん》パスの間に相手を 1 人入れて開始《かいし》。

2

相手の動きや姿勢《しせい》を見てパスを選択《せんたく》する。

3

足もとのスペースをねらってバウンズパス。

観察《かんさつ》が足りないと取られてしまう。

トップ選手
"子ども時代"の
練習法④

絶対《ぜったい》負けたくない！勝《か》ち残《のこ》りゲーム練習

私は小学校2年生のときに姉《あね》の影響《えいきょう》でバスケットを始《はじ》めました。最初《さいしょ》はみんなと遊《あそ》んでいるのが楽しいだけでしたが、４年生で試合用のユニフォームを着《き》せてもらえるようになってからは、「まわりに負《ま》けたくない！」「試合に出たい！」という意識《いしき》が強くなりました。

当時はとにかくずっとボールをさわっていたかったので、**「勝《か》ち残《のこ》りの5対5練習」**では気合《きあ》いが入りました。5人1組の3チームに分けてミニゲームをするのですが、勝《か》てばそのまま残《のこ》ってまた試合ができるんです。私は背が高かったので、ゴール下からシュートを決める役割《やくわり》でした。だからたとえミニゲームでも、自分が得点《とくてん》できずに負《ま》ければすごくくやしかったです。

また、小学校6年生のときにコーチから**ワンハンド（片手）でシュートを打つ**ように指導《しどう》されたので、姉《あね》に見てもらいながらシュートフォームを作っていきました。**誰《だれ》かに自分の動きを見てもらう**と、自分の欠点《けってん》がよくわかるのでおススメです。

ゴール下で強さを発揮《はっき》するセンター！

間宮佑圭《まみやゆか》
（JX-ENEOSサンフラワーズ）

パート

5

ディフェンス編

自《じ》分《ぶん》たちのゴールを守《まも》ろう!

ポイント

試合《しあい》で勝《か》つためには、得点《とくてん》を決《き》めるだけでなく、自《じ》分《ぶん》のゴールを守《まも》ることも大切《たいせつ》だ。相手《あいて》の攻撃《こうげき》をじゃましながらボールをうばったり、シュートを決《き》めさせないようにプレッシャーをかけたりして、ゴールを守《まも》ろう！

オーシャンドルフィンズ
女子《じょし》チームは準決勝《じゅんけっしょう》の
日《ひ》を迎《むか》えた
ワァ
ダム
ダムッ
ダム

メグは絶好調《ぜっこうちょう》だな！
今日《きょう》は楽勝《らくしょう》じゃないか？
メッ…メグッ!!
だ 大丈夫《だいじょうぶ》か メグミッ！

まったく……練習《れんしゅう》しすぎなんだ
お前《まえ》の年齢《ねんれい》のころは体《からだ》がどんどん変《か》わってくるから無理《むり》は禁物《きんもつ》なんだぞ
試合前《しあいまえ》から足《あし》が痛《いた》かったのならなぜいわなかった?
私《わたし》はキャプテンだからチームに迷惑《めいわく》はかけられないし
この大会《たいかい》で優勝《ゆうしょう》することを目標《もくひょう》に練習《れんしゅう》してきたんです
バカもの! 結果的《けっかてき》に迷惑《めいわく》をかけたじゃないか!
すみません……
…まあ やってしまったことを責《せ》めても仕方《しかた》ない
タイムアウトお願《ねが》いします!

残念《ざんねん》だが
メグはもうこの試合《しあい》
には出《で》られん
だが うちは10点《てん》
リードしている
あと5分《ふん》
守《まも》り切《き》るぞ!
OD
(オーシャンドルフィンズ)
WC
(ワイルドキャッツ)
33-23
はいっ!
いいか! このチームを
ここまで引《ひ》っ張《ぱ》ってきた
のはメグだ!
メグを決勝《けっしょう》に
連《つ》れていくぞ!
はい!
監督《かんとく》……
みんな……

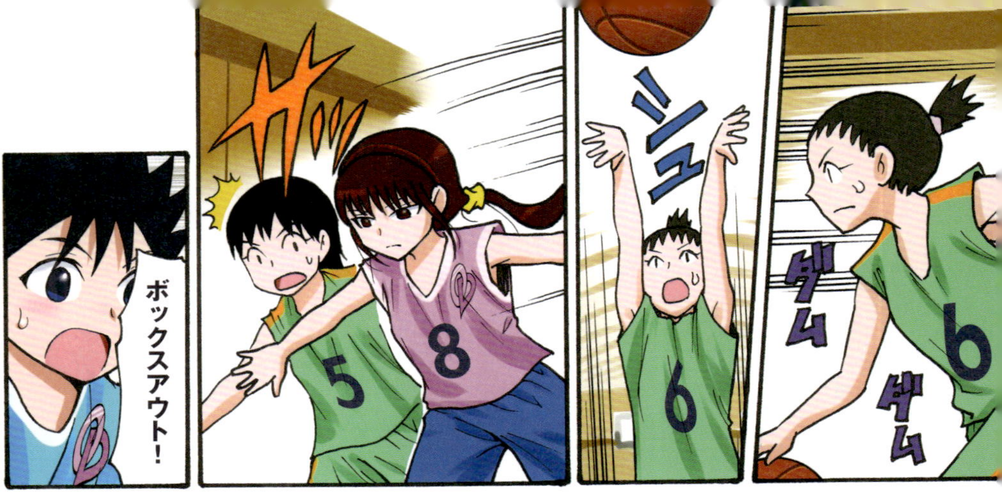

チェック！ ボックスアウト

▶160ページへ

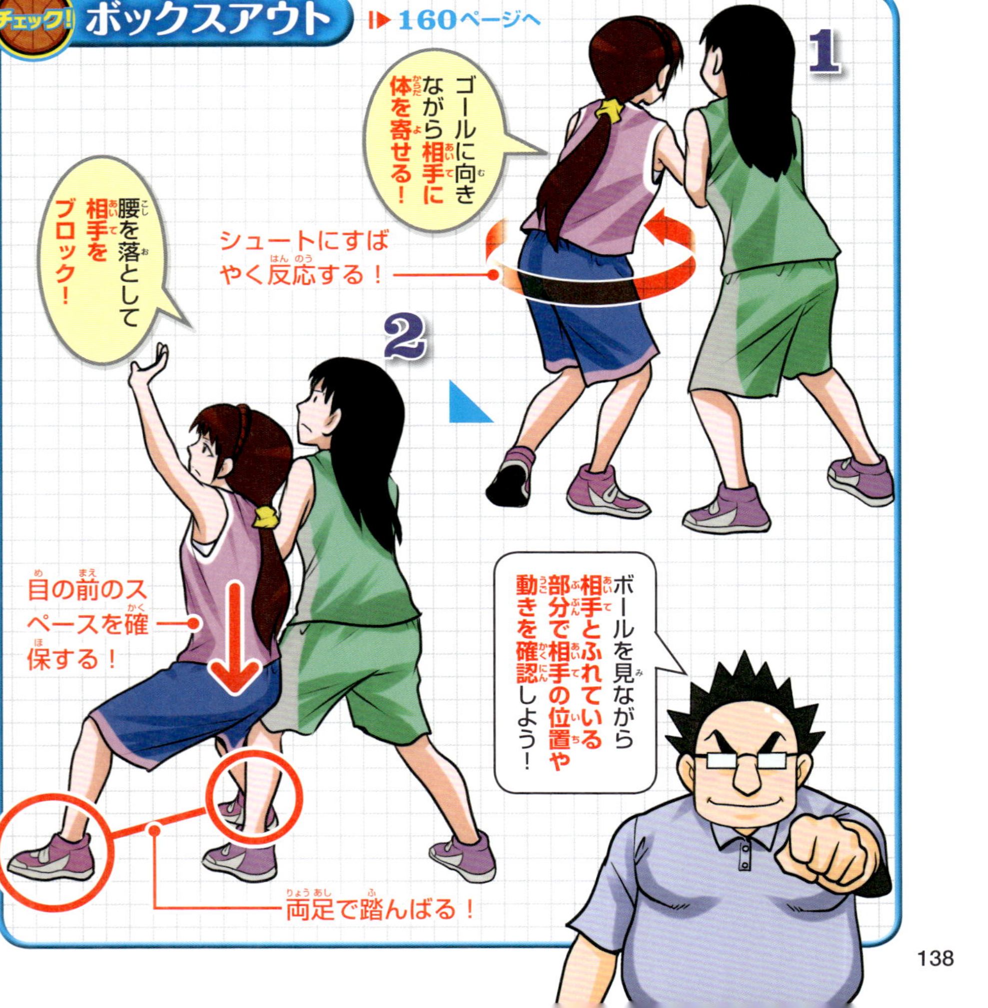

基本《きほん》ができてるなあ
アイコちゃんは
さすが！
あれなら
リバウンドも……
でれ〜
ガッ
パシッ
ナイス リバンッ！

チェック! リバウンド

▶162ページへ

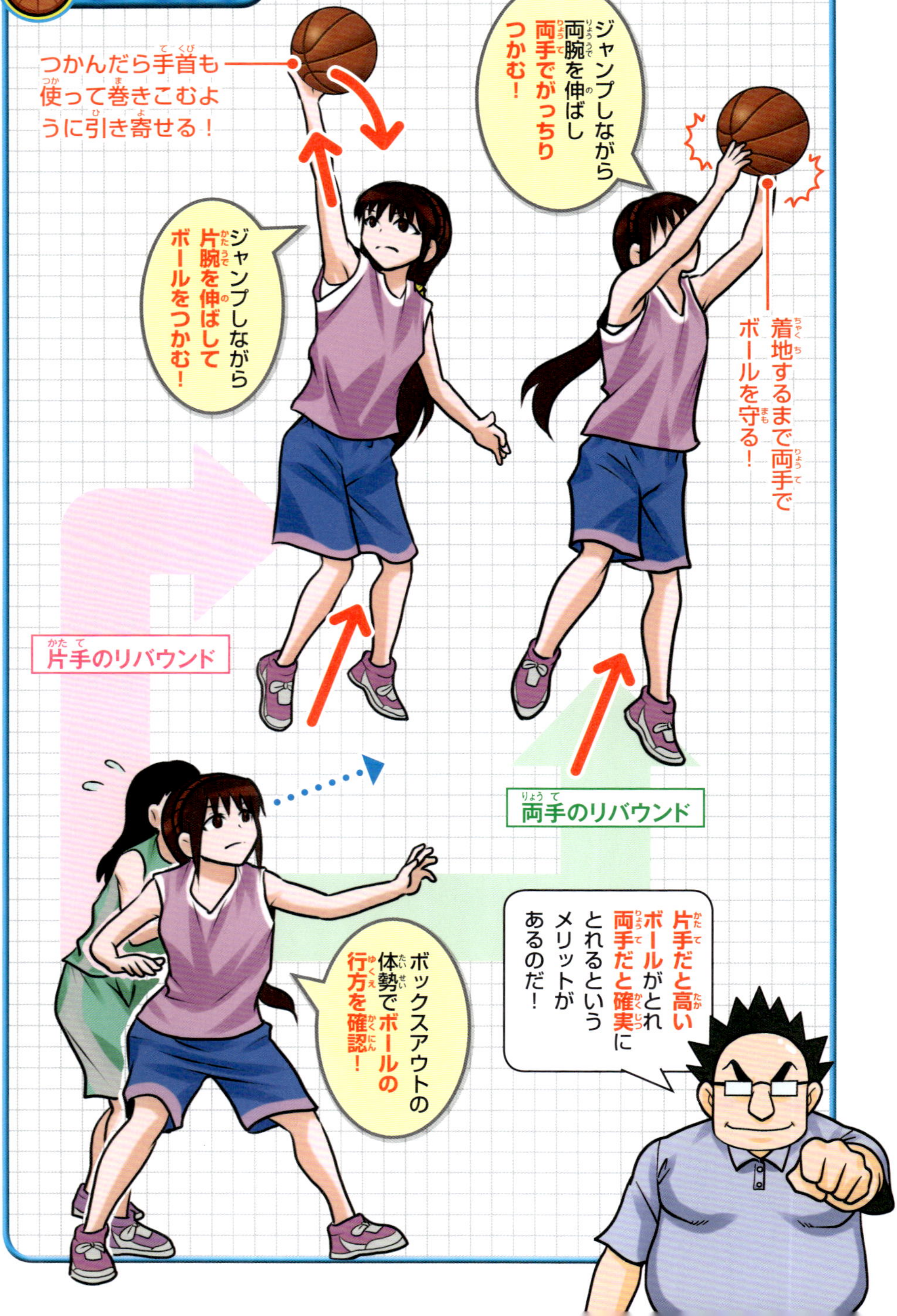

…それにしても
アイコちゃん
普段《ふだん》はゴール前《まえ》で
リバウンド争《あらそ》いする
役割《やくわり》じゃないのに……
みんな!
メグの分《ぶん》も
がんばろう!
ワッ
メグを決勝《けっしょう》に
連《つ》れて行《い》こう!
おおっ!!
な なんだ
この一体感《いったいかん》は……!

ダム
ダムッ
ワァ
アイツ普段《ふだん》はドリブルで切《き》りこむタイプじゃないのに
ワァ
アイツもいつもはシュートを打《う》つタイプじゃないのにしっかり決《き》めてる
ワァ
ワァ
全員《ぜんいん》がメグが抜《ぬ》けた穴《あな》を埋《う》めるために必死《ひっし》でプレーしている
これなら勝《か》てるぞ!!

だが――
メグが抜《ぬ》けた穴《あな》は
やはり大《おお》きかった
スパッ
ワァァァ
ピーッ

試《し》合《あい》終《しゅう》了《りょう》間《ま》際《ぎわ》に逆《ぎゃく》転《てん》のポイントを許《ゆる》しオーシャンドルフィンズ女《じょ》子《し》チームは準《じゅん》決《けっ》勝《しょう》で敗《はい》退《たい》した——
そうか…バスケはチームスポーツって そういうことだったんだ……！

オレ 仲間《なかま》からパスを
もらってシュートを
決《き》めるのが自分《じぶん》の一番《いちばん》の
仕事《しごと》だと思《おも》ってた
でも それだけじゃ
ダメだったんだ……
グッ…

…よしっ！
なにしてんだよ
ポイ
…別《べつ》に！
あんたこそ
なにしてんのよ

ああ
ちょっとな
髪《かみ》が汗《あせ》でぬれてる……
どこかで練習《れんしゅう》してきたんだ
ほら 帰《かえ》んぞ
…私《わたし》は もう少《すこ》し
ここにいるわ
…そっか
がんばり
なさいよ!
来週《らいしゅう》の決勝戦《けっしょうせん》
…メグ
オレがメグの
かわりに優勝《ゆうしょう》してやるよ
ツバサ……

パート5
ディフェンス編
1

ディフェンスの基本《きほん》姿勢《しせい》！

試合では得点《とくてん》を決めるだけでは勝てない。相手に得点《とくてん》されないようにディフェンスすることが勝利《しょうり》につながる。まずはディフェンスの基本姿勢《きほんしせい》をしっかりと身につけよう。

●正面から見たディフェンスの基本姿勢《きほんしせい》

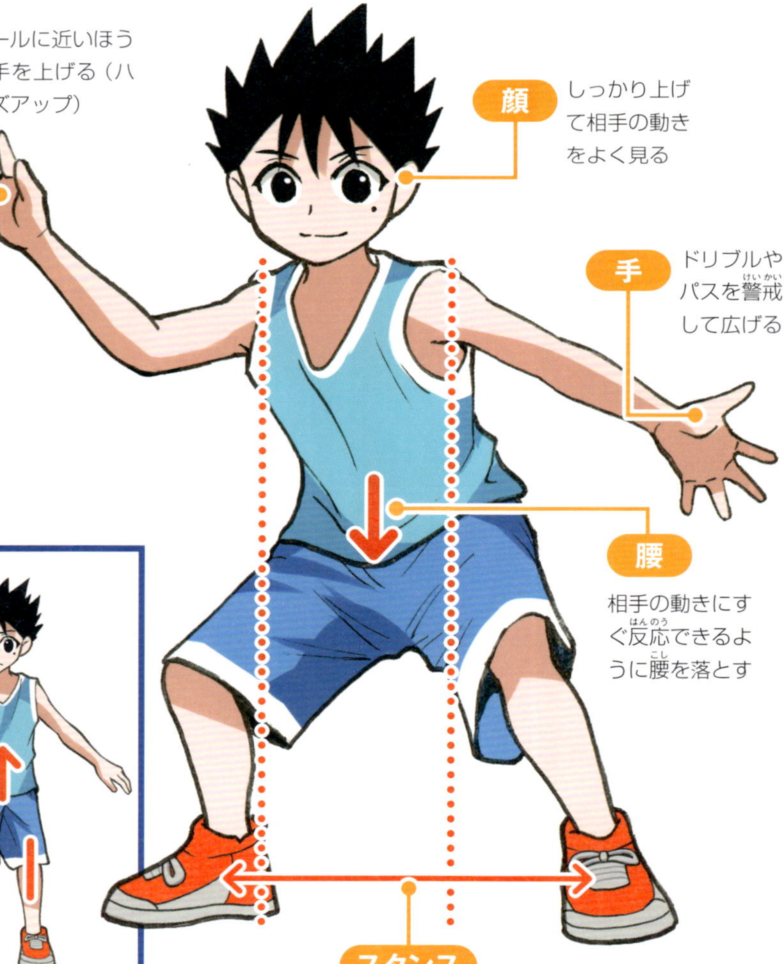
手
ボールに近いほうの手を上げる（ハンズアップ）
顔
しっかり上げて相手の動きをよく見る
手
ドリブルやパスを警戒《けいかい》して広げる
腰
相手の動きにすぐ反応《はんのう》できるように腰《こし》を落とす
スタンス

肩幅《かたはば》より広く開《ひら》いてヒザを落として安定して構《かま》える

悪い

▲棒立《ぼうだ》ちで腰《こし》が高いと相手の動きに対応《たいおう》できない。

●横から見たディフェンスの基本姿勢《きほんしせい》

🔺重心《じゅうしん》が後ろにあるとすばやい動きができない。

上半身

丸めたり反《そ》ったりしないで起《お》こす

目

ボールを中心として相手の全体を視界《しかい》に入れる

ヒザ

すぐに動き出せるように軽く曲げる

前足

ボールに近いほうの足を少し前に出しておく

体を押《お》してもらってグラつきをチェック！

ディフェンスの基本姿勢《きほんしせい》をとり、仲間《なかま》やコーチに軽く体を押《お》してもらい、体がグラつかないか確《たし》かめてみよう。グラつくようであれば、下半身の安定感《あんていかん》がない証拠《しょうこ》なので、両足のスタンスや腰《こし》の落とし方を見直《みなお》そう。

体を軽く押《お》してもらい、安定して構《かま》えられているかをチェックする。

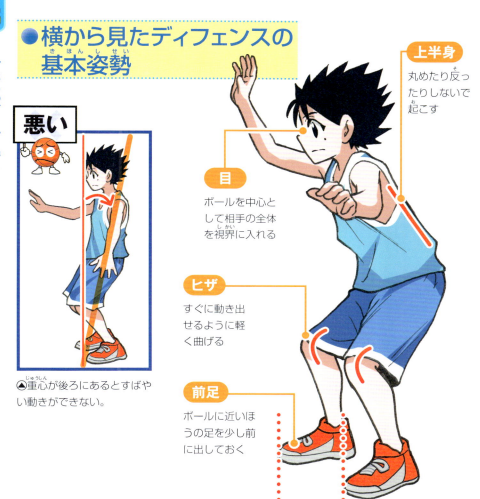

パート⑤
ディフェンス編
2

プレッシャーをかける!

ディフェンスは、ボールマン（ボールを持っている選手《せんしゅ》）に自由にプレーさせないようにプレッシャーをかけることが大切《たいせつ》だ。ボールとの「腕1本の間《ま》合《あ》い」を意《い》識《しき》して守ろう。

●腕1本の間《ま》合《あ》いでディフェンスする

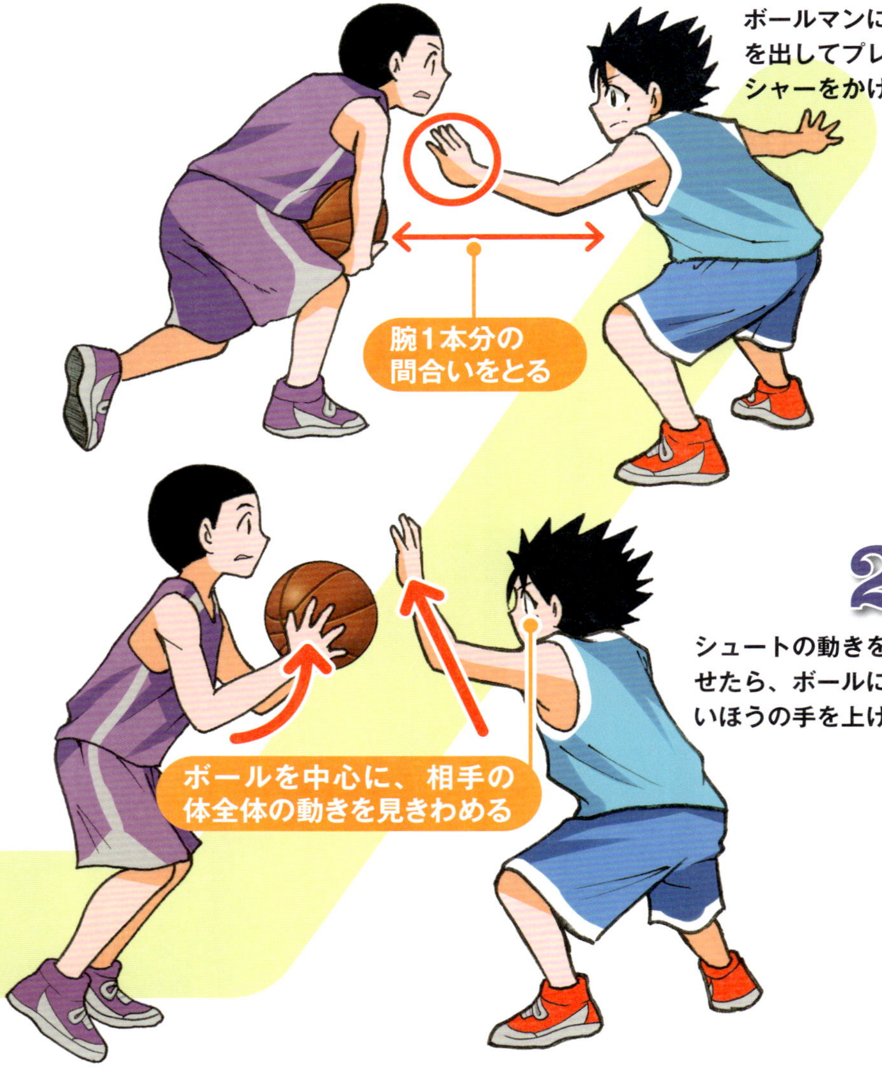

腕1本分の
間合いをとる
ボールを中心に、相手の
体全体の動きを見きわめる

1

ボールマンに腕を出してプレッシャーをかける。

2

シュートの動きを見せたら、ボールに近いほうの手を上げる。

腕2本分の間《ま》合《あ》い

腕２本分の間合いがあると、普通はシュートを打たれる。しかしゴールから遠くシュートが苦手《にがて》な選手《せんしゅ》と判《はん》断《だん》したなら、ドリブルを警戒《けいかい》した腕２本分の間《ま》合《あ》いにする方法もある。

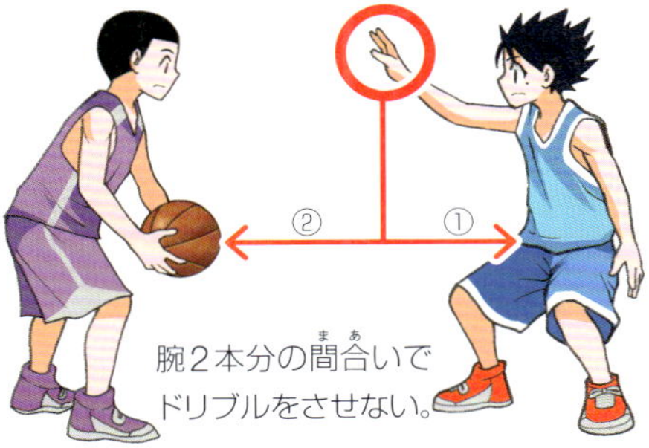
②
①

腕２本分の間《ま》合《あ》いでドリブルをさせない。

うまくなるコツ 両足ではさむイメージ

ボールマンはマークを外《はず》すために前後《ぜんご》左右《さゆう》に動いてくるので、ディフェンスはつねに相手を両足ではさむイメージを持って足を動かそう。

ボールや相手を両足ではさむように動かす。

相手はシュートかパスしかできない

4 相手がドリブルを止めたら一気《いっき》に間《ま》合《あ》いをつめる。

3 ドリブルの動きを見せたら、すぐに手を下げてコースをふさぐ。

スライドステップに挑《ちょう》戦《せん》！

ボールマンがドリブルを始《はじ》めたら、足を横に動かすスライドステップで対応《たいおう》する。相手との腕１本分の間合《まあ》いを意識《いしき》しながら、腰《こし》を上下にゆらさず低い姿勢《しせい》で追《お》いこんでいこう。

●スライドステップの動き

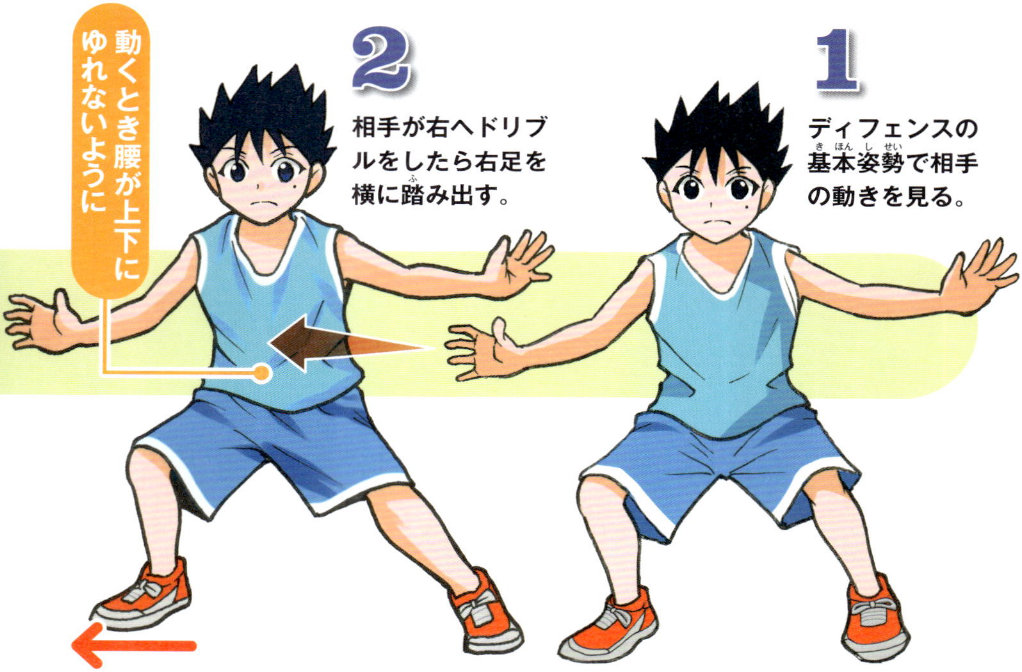
動くとき腰が上下にゆれないように
2
相手が右へドリブルをしたら右足を横に踏《ふ》み出す。
1
ディフェンスの基本姿勢《きほんしせい》で相手の動きを見る。

うまくなるコツ コートを強く蹴《け》る

進行方向の足を動かすと同時に、逆側《ぎゃくがわ》の足でコートを強く蹴《け》るイメージを持とう。そうすると逆側《ぎゃくがわ》からの勢《いきお》いが加《くわ》わり、ステップにスピードと安定感が出るのだ。

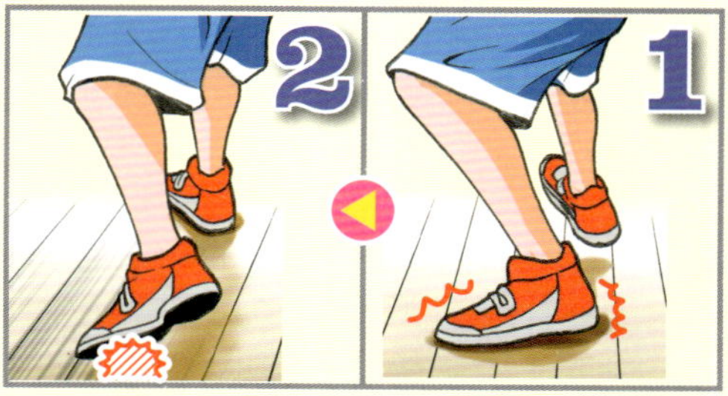
2
1

2 左足でコートを強く蹴《け》って勢いをつける。

1 右足を出すと同時に左足に力をこめる。

悪い

▶進行方向とは逆《ぎゃく》の足を動かしたとき、両足がくっつくと体のバランスがくずれる。

相手から
目をはなさない

3

右足の着地《ちゃくち》と同時に逆《ぎゃく》の足（左足）を引き寄《よ》せる。

4

さらに右足を横へ出して、相手についていく。

練習してみよう！

スライドステップで追《お》いこむ

コートの右はしから左はしまでを使い、ドリブルする相手をスライドステップで追《お》いこんでみよう。ずっと低い体勢《たいせい》をとりつづけるのでつらいが、ステップのフォームを身につけるには最適《さいてき》の練習だ。

右から左はしまで、間合《まあ》いを意識《いしき》しながらステップでついていく。

パート5
ディフェンス編

4 クロスステップに挑《ちょう》戦《せん》！

スピードに乗ってドリブルしている相手には、スライドステップだけだと追《お》いつけない。足を交《こう》差《さ》させて走るクロスステップを使い、相手のドリブルにプレッシャーをかけよう。

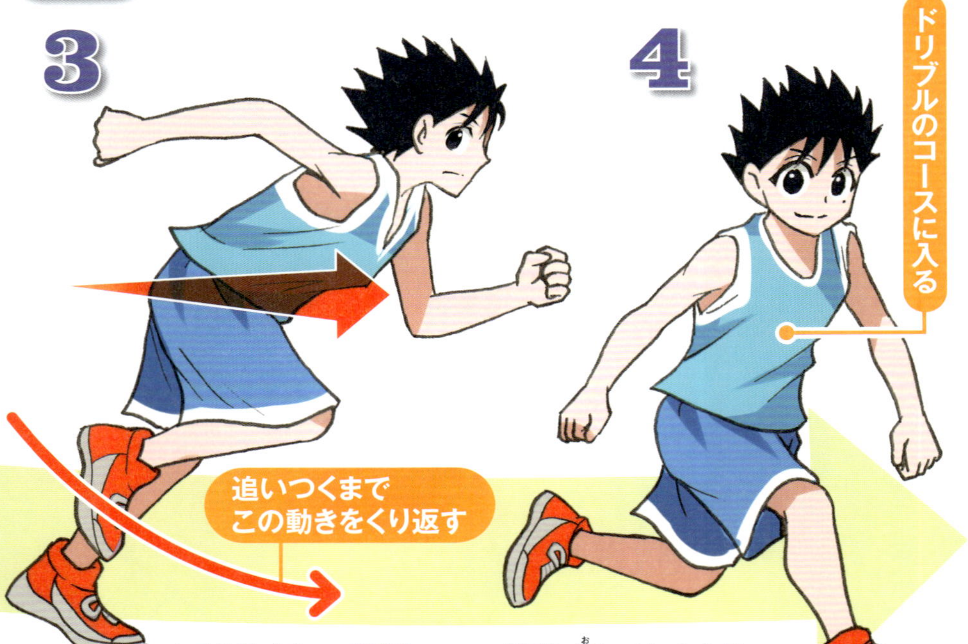
3
4
ドリブルのコースに入る
追いつくまで
この動きをくり返す

走る体勢をとって両足をクロスさせる。

相手に追《お》いついたらステップを切りかえる。

1
クロス
ステップ

足を交《こう》差《さ》させながらスピードについていく。

うまくなるコツ 2つのステップを使い分ける

スピードに乗ったドリブルにはクロスステップ、ドリブルをゆるめたらスライドステップというように、2つのステップを使い分けることが大切《たいせつ》だ。ステップを間違《まちが》えると簡単に抜《ぬ》かれてしまうので、相手の動きを正確《せいかく》に見きわめよう。

クロスステップの動き

1 ディフェンスの基本《き ほん》姿勢《し せい》で守る。

2 相手のドリブルにすばやく反応《はん のう》する。

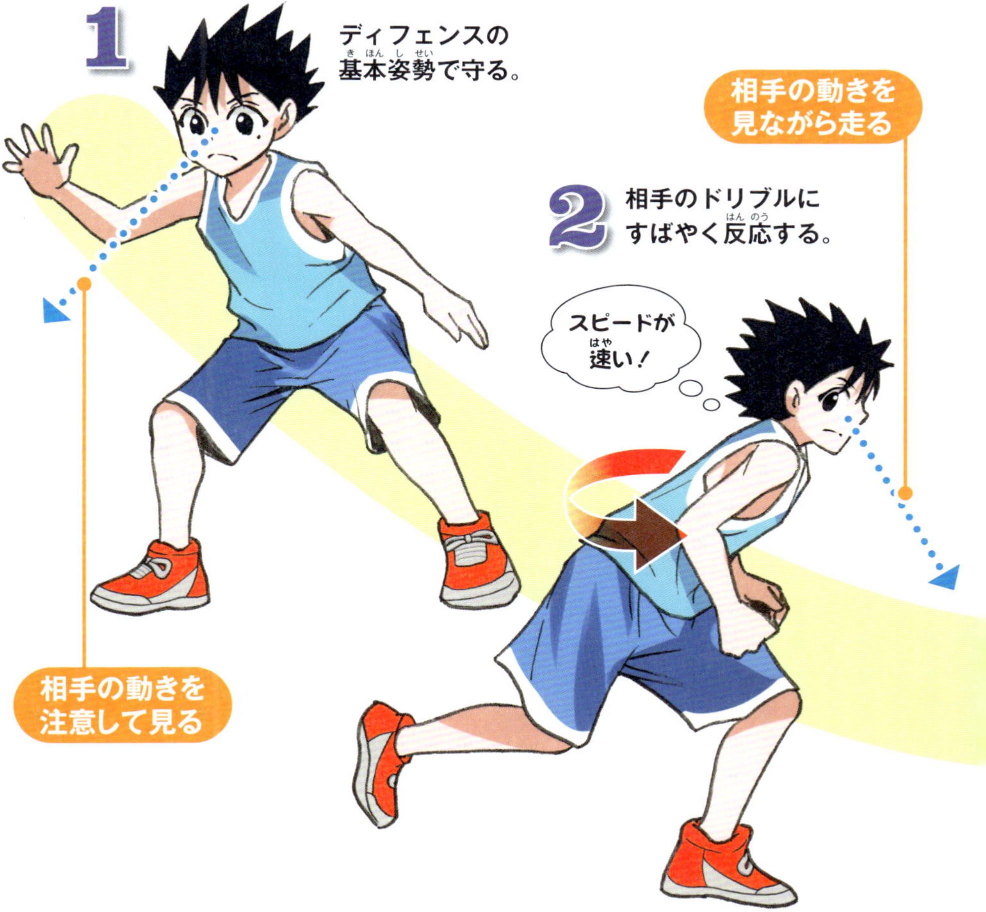
相手の動きを注意して見る
スピードが速《はや》い！
相手の動きを見ながら走る

2
スライドステップ
相手のスピードが落《お》ちたら足を横に出して動く。
3
基本姿勢
相手が止まったらディフェンスの基本姿勢をとる。

パート⑤
ディフェンス編

5 相手のボールをうばう!

相手がドリブルしているとき、チャンスがあればボールをうばうスティールに挑戦《ちょうせん》だ。ただし、失敗《しっぱい》して逆《ぎゃく》に相手をフリーにさせてしまわないように、うまくタイミングをはかろう。

●スティールの方法

むやみに近づくと抜かれるので注意
今だ!
低い体勢で入る

1

相手の動きに注《ちゅう》意《い》しながら間《ま》合《あ》いをつめていく。

2

相手の手からボールがはなれた瞬間《しゅんかん》に体を寄《よ》せる。

うまくなるコツ ねらうタイミング

スティールは、相手が体の前でドリブルをつこうとする瞬《しゅん》間《かん》がねらい目だ。体の横や後ろでドリブルしているときは無理《むり》しないように注意《ちゅうい》しよう。

ボールをうばうことにこだわらない

ディフェンスは、たとえボールをうばうことができなくても失敗《しっぱい》ではない。ドリブルやパスのコースをふせぎつづけ、しつこいマークで相手に時間をかけさせれば、じゅうぶんに成功《せいこう》なのだ。

1 コースをふさぎ、相手を自由に進ませない。

2 相手が動いても間合《まあ》いをたもって追《お》いつづける。

▲ボールではなく、相手の手にふれるとファウルになるので注意《ちゅうい》。

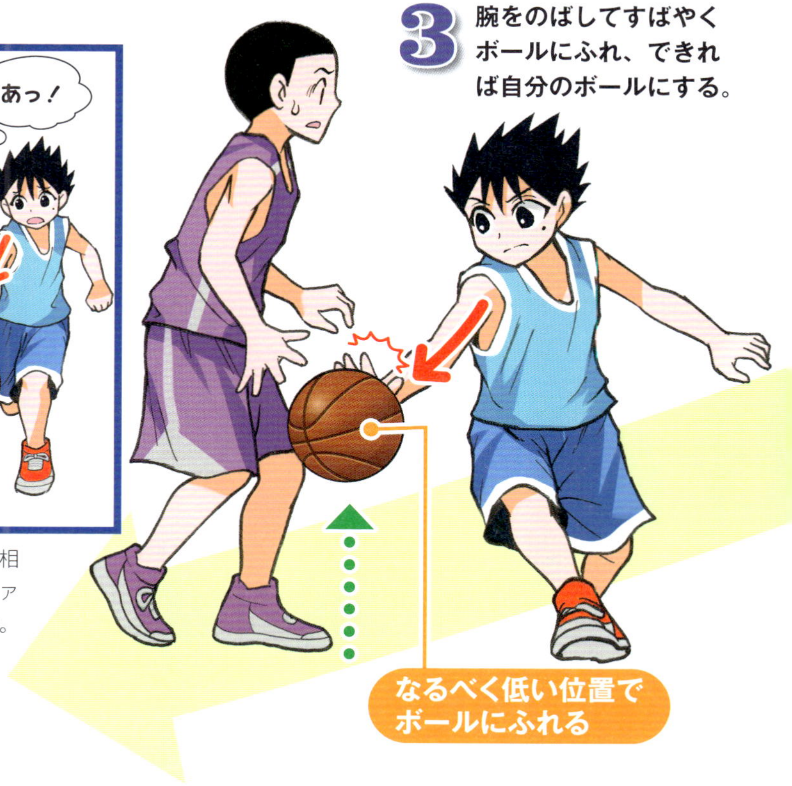

3 腕をのばしてすばやくボールにふれ、できれば自分のボールにする。

パート⑤
ディフェンス編
6

相手のシュートをふせぐ!

相手がシュートの動作《どうさ》に入ったら、腕をいっぱいにのばしてシュートチェックにいこう。ボールにさわるだけでもゴールの確率《かくりつ》は落ち、相手もバランスをくずすので効果的《こうかてき》だ。

●シュートチェックの方法

ジャンプシュート!
1
相手のシュートの動きを確《かく》認《にん》する。
2
ボールに向かって体を寄《よ》せながら腕をのばしていく。
絶対に楽にシュートさせない
3
ボールに少しでもふれるつもりで飛ぶ。

レイアップシュートへのシュートチェック

レイアップシュート!
腕だけボールにいくように
強く踏みこんで飛ぶ

1 相手のレイアップシュートの動きを確認《かくにん》する。

2 ジャンプして体と腕をいっぱいにのばしてボールにさわる。

ブロックショット

もし自分が相手よりかなり身長が高いときは、ボールにふれるだけでなく、たたき落としたりするブロックショットというプレーにも挑戦《ちょうせん》しよう。

悪い

▶相手の体にふれるとファウルになるので注意《ちゅうい》。

パート5
ディフェンス編
7

相手をゴールに近づかせない！

たとえ相手がシュートを打っても、決まるとはかぎらない。はね返ってきたボールを確実《かくじつ》に取るためには、相手をゴールに近づかせないボックスアウトの動きがカギになる。

ボックスアウトの方法

1
シュートチェックをしたが打たれた。
2
相手に体を寄《よ》せてぶつかったらゴールを向く。
3
腰を落として相手をブロック
大きく構《かま》えて相手の動きを止め、ボールを見る。

押《お》し合うのはOK

ルールでは、相手と接触《せっしょく》することが禁《きん》じられている。しかし試合で選手どうしがぶつかり合っているのは、おたがいに「押《お》し合っている」と見なされるのでOKだ。その代表的なプレーがボックスアウトなのだ。

●シュートした選手以外《いがい》へのボックスアウト

1 自分がマークする以外《いがい》の選手がシュートを打った。

2 相手にすばやく体を寄《よ》せてぶつかる。

3 足を踏《ふ》んばって手を広げ、絶対にボールを渡《わた》さない。

練習してみよう！

ボックスアウトで押《お》し合いっこ

サークル（円）の中心にボールを置《お》いて、ディフェンスは相手をボールに近づかせないようボックスアウトの体勢《たいせい》でブロックする練習。30秒で攻守交代《こうしゅこうたい》しよう。

相手の動きを背中やお尻《しり》で感じながらブロックする。

8 リバウンドを確《かく》実《じつ》に取る！

自分の近くにボールがはね返ってきたら、すかさずリバウンドする。両手で確実《かくじつ》に取る方法と、相手と競《せ》り合いながら、より高いところで取れる片手のリバウンドを覚《おぼ》えよう。

●両手のリバウンド

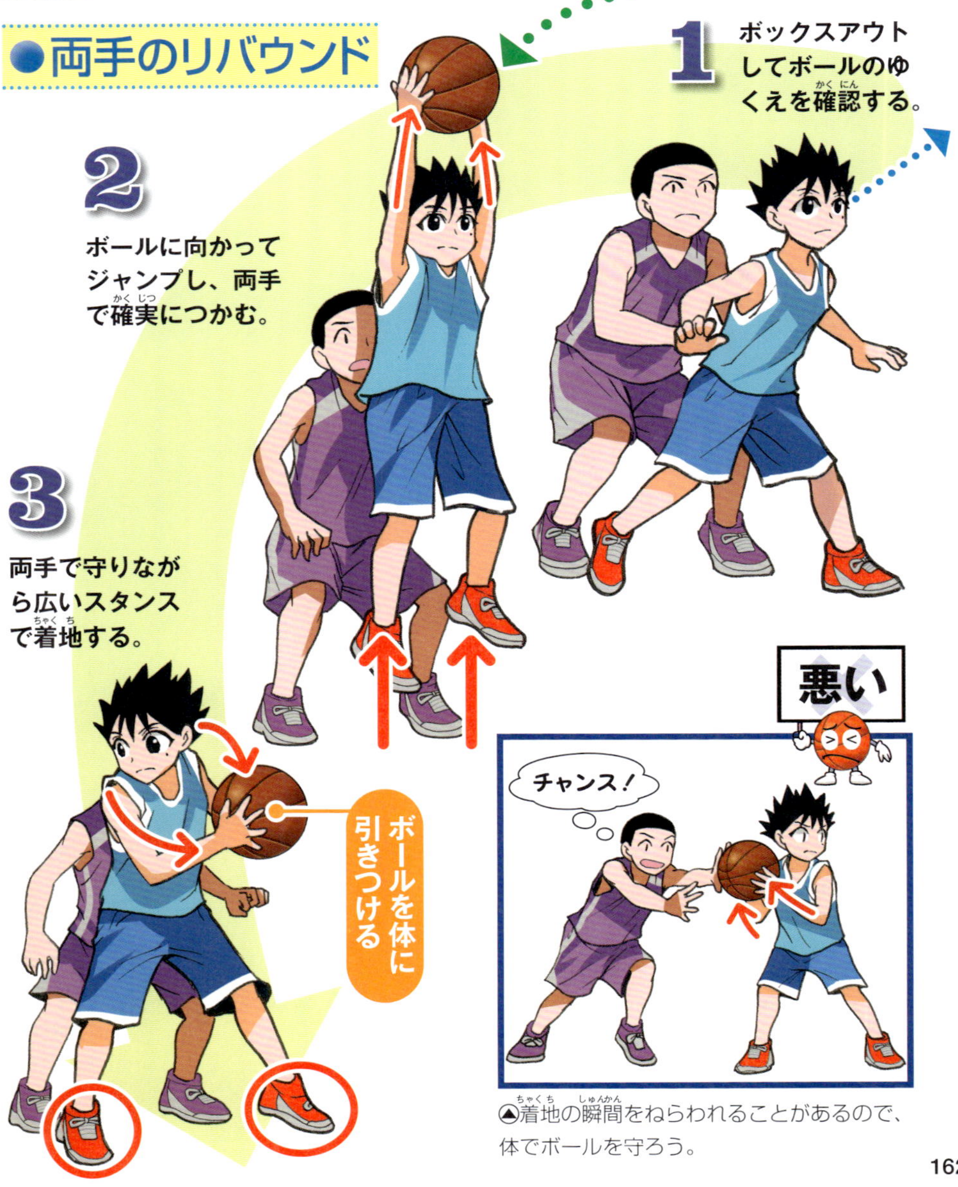
1 ボックスアウトしてボールのゆくえを確《かく》認《にん》する。
2 ボールに向かってジャンプし、両手で確《かく》実《じつ》につかむ。
3 両手で守りながら広いスタンスで着《ちゃく》地《ち》する。
ボールを体に引きつける
悪い
チャンス！

▲着地《ちゃくち》の瞬間《しゅんかん》をねらわれることがあるので、体でボールを守ろう。

●片手のリバウンド

1 ボックスアウトして目の前のスペースを確保《かくほ》する。

2 少し遠いボールには、飛んで片手をのばしてつかむ。

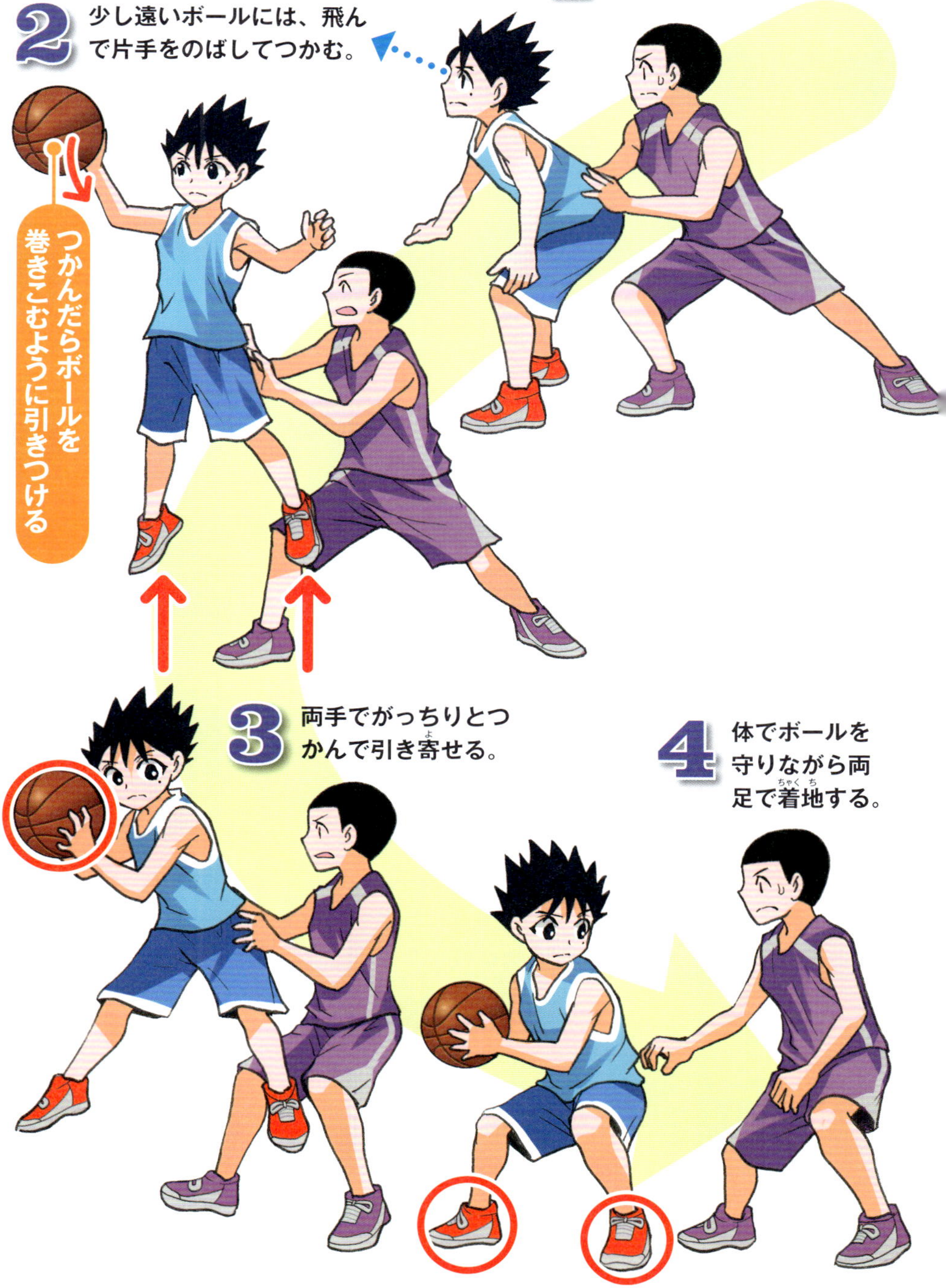

3 両手でがっちりとつかんで引き寄《よ》せる。

4 体でボールを守りながら両足で着地《ちゃくち》する。

トップ選手
“子ども時代”の
練習法⑤

上級生《じょうきゅうせい》のプレーをどんどんマネる！

華麗《かれい》なドライブが持ち味のビッグガード！

比江島慎《ひえじままこと》
（アイシンシーホース三河）

僕《ぼく》がバスケットを始《はじ》めたのは小学校1年生からで、3歳上の兄がプレーしていたチームに入りました。1年生だと体も小さいし、ボールにも慣《な》れていないので、最初《さいしょ》は体育《たいいく》館《かん》のステージの上で**ドリブル練習**ばかりしていました。

　でも、そのステージの上からだとコートでプレーする兄や上級生《じょうきゅうせい》がよく見えるんです。先輩《せんぱい》のプレーで**「今のかっこよかった」**とか**「あのプレーはどうやってやるんだろう」**と思ったら、自分でどんどんチャレンジしてマネていました。とくに体を回転《かいてん》させて相手を抜《ぬ》くロールターンのドリブルをよく練習していましたね。みんなも、ほかの選手の**上手《じょうず》なプレーをよく見て、どうやればうまくできるかマネたりしてほしい**と思います。

　大会では、同じ地区に強いチームがいたので、ずっと負《ま》けつづけていました。でも**「いつか勝つ！」**と思って練習をつづけたら、小学校6年生のときに勝利《しょうり》し、さらに全国優勝まですることができました。やはり、強い気持ちを持つことは大事《だいじ》だと思います。

パート 6

試合《しあい》で活躍《かつやく》できる技《わざ》を覚《おぼ》えよう!

テクニック編

ポイント

ドリブルやパス、シュートなどの基本的《きほんてき》な動《うご》きをマスターしたら、パスすると見《み》せてシュートしたり、相手《あいて》からはなれてパスを受《う》けたりする技《わざ》に挑戦《ちょうせん》。ワンランク上の技術《ぎじゅつ》で、試合《しあい》で活躍《かつやく》できる選手《せんしゅ》になろう！

決勝戦《けっしょうせん》　前日《ぜんじつ》——
シュッ
ガイン
タンッ
今日《きょう》の100本目《ぽんめ》…少《すこ》し休《きゅう》けいするか
ハァ
ハァ
くそっ外した
コロコロ

またお前《まえ》か なんだよ
決勝前《けっしょうまえ》にちょっとあいさつでも……と思《おも》ってな
はあ？
お前《まえ》らと対戦《たいせん》したチームが騒《さわ》いでるぞ 5番《ばん》がすげえって
ん？ ま まーな！ そんなほめられても……
わっ!?
バチッ

バカバカしい
今《いま》さら遅《おせ》ぇんだよ！
クボ……
オレはお前《まえ》が才能《さいのう》だけでプレーしているあいだ必死《ひっし》に練習《れんしゅう》してきたんだ
絶対《ぜったい》に負《ま》けねえ!!
……
オレだって負《ま》けるわけにはいかねぇんだよ！
ダムッ
自分《じぶん》のためにも……
チームのためにも……
ダム
ダム
メグのためにも……！

絶対《ぜったい》に勝《か》つ!!
ズパッ
決勝戦《けっしょうせん》　当日《とうじつ》
ワァ
ワァ
ワ
オーシャンドルフィンズ
VS
レッドタイタンズ

チェック！ チェンジ・オブ・ペース

▶184ページへ

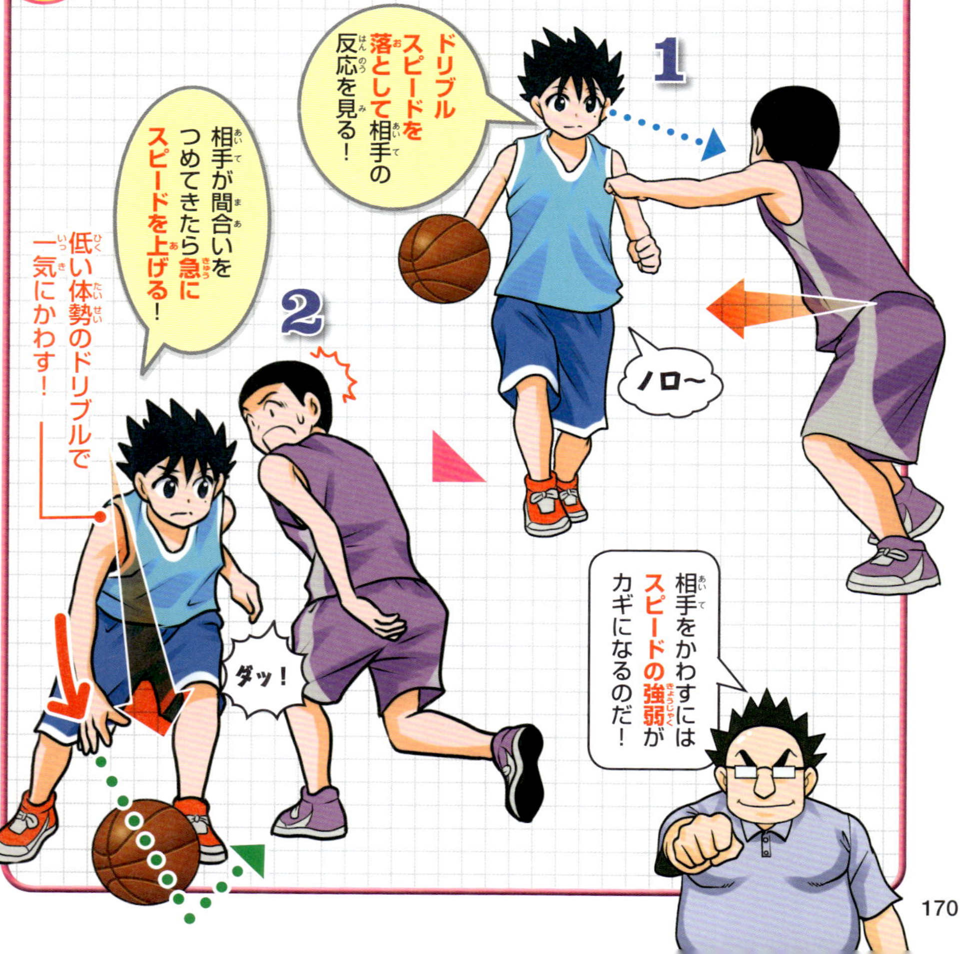

チェンジ・オブ・ペースだと!?
ツバサを止《と》めろっ!!
クルッ
今《こん》度《ど》はバックロール!
うまいわ!

チェック! 回転《かいてん》(ターンやロール)系《けい》のテクニック

186ページへ

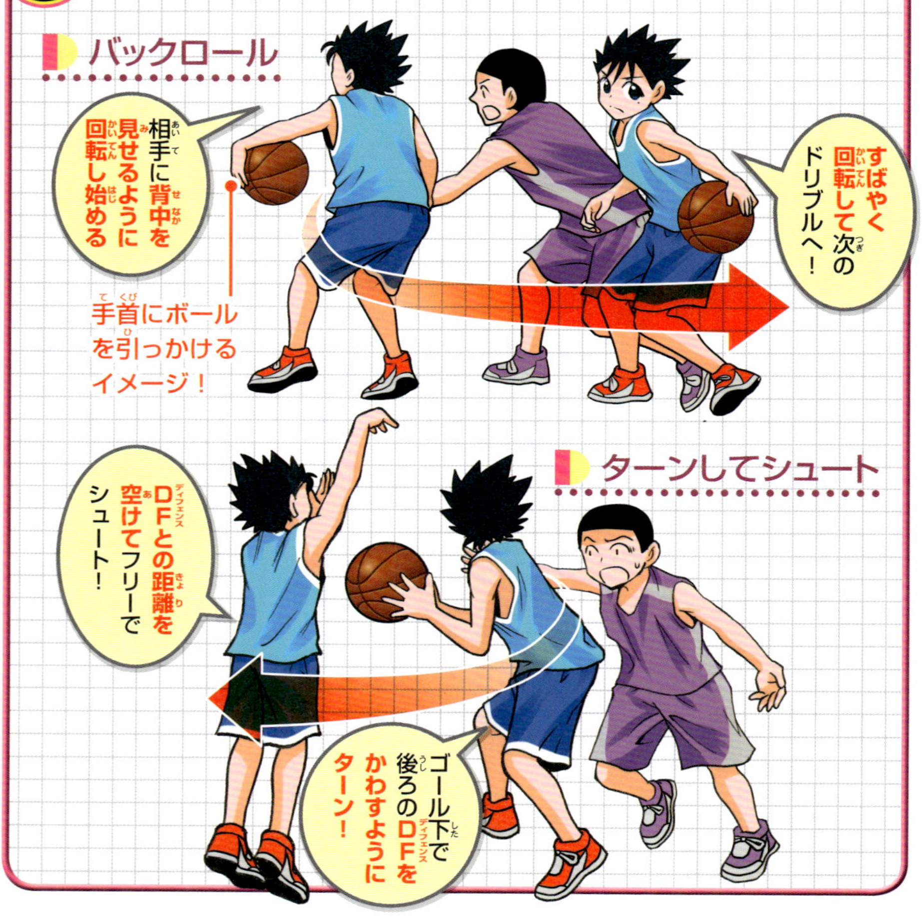

スパアッ
ノータッチシュートだ！
ノータッチシュート
リングにボールがふれずに入《はい》るシュート。
よっしゃあ!!
ナイシュー
ツバサ！

ツバサはその後《ご》も
レベルアップした
テクニックで
得点《とくてん》を量産《りょうさん》した
よしっ！
しかし……
クボを中心《ちゅうしん》に
ゲームを組《く》み立《た》てる
レッドタイタンズは
やはり強《つよ》かった
くっ……
いくら点《てん》をとっても
バスケの本質《ほんしつ》がわかってない
お前《まえ》に
負《ま》けるはずが
ねぇんだよ！

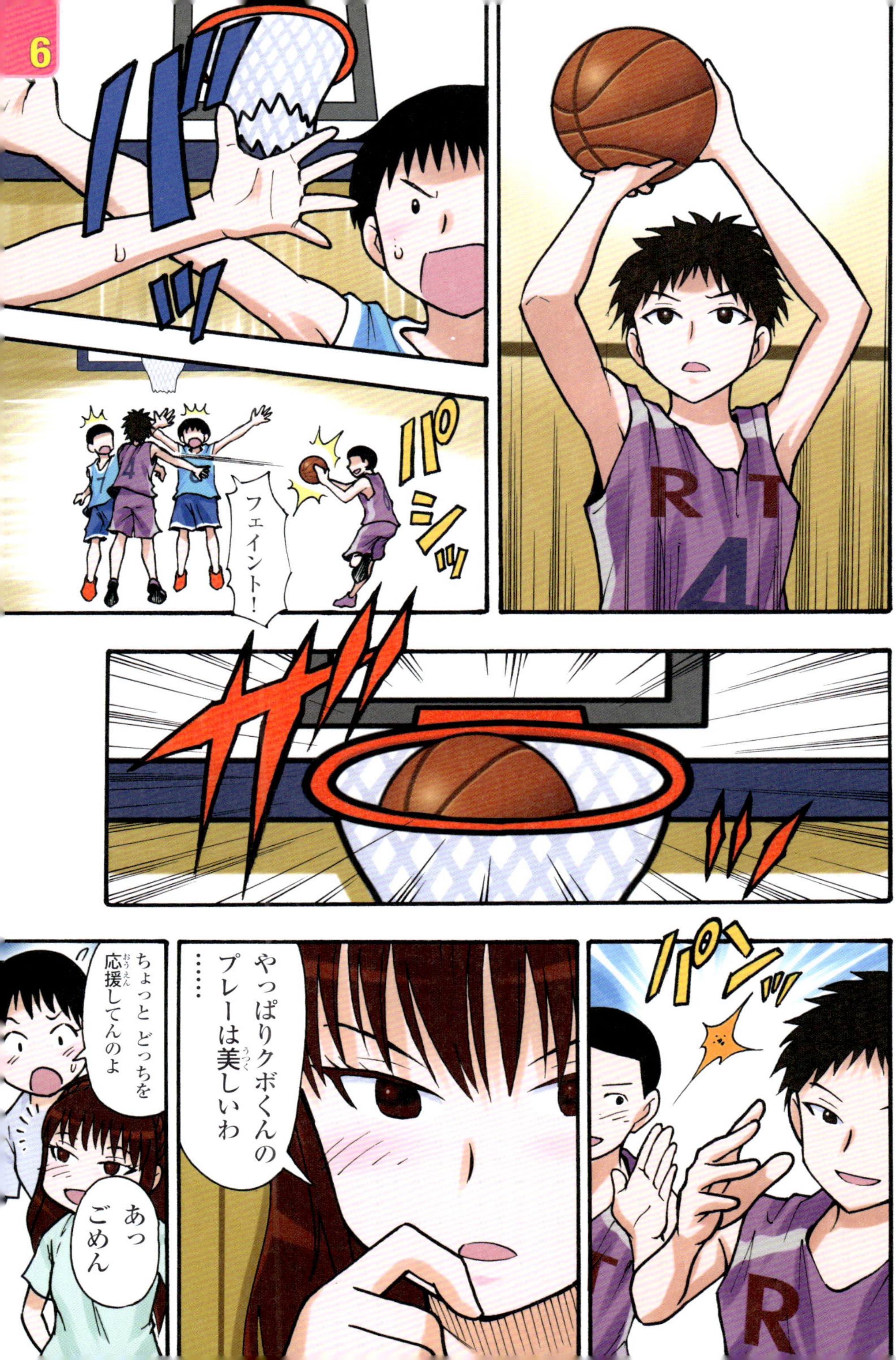
バッ
フェイント!
パシッ
ザッ
パンッ
やっぱりクボくんのプレーは美《うつく》しいわ……
ちょっと どっちを応援《おうえん》してんのよ
あっごめん

クォーター
1試合《しあい》を4分割《ぶんかつ》した単《たん》位《い》のこと。第《だい》1から第《だい》4クォーターまで争《あらそ》う。

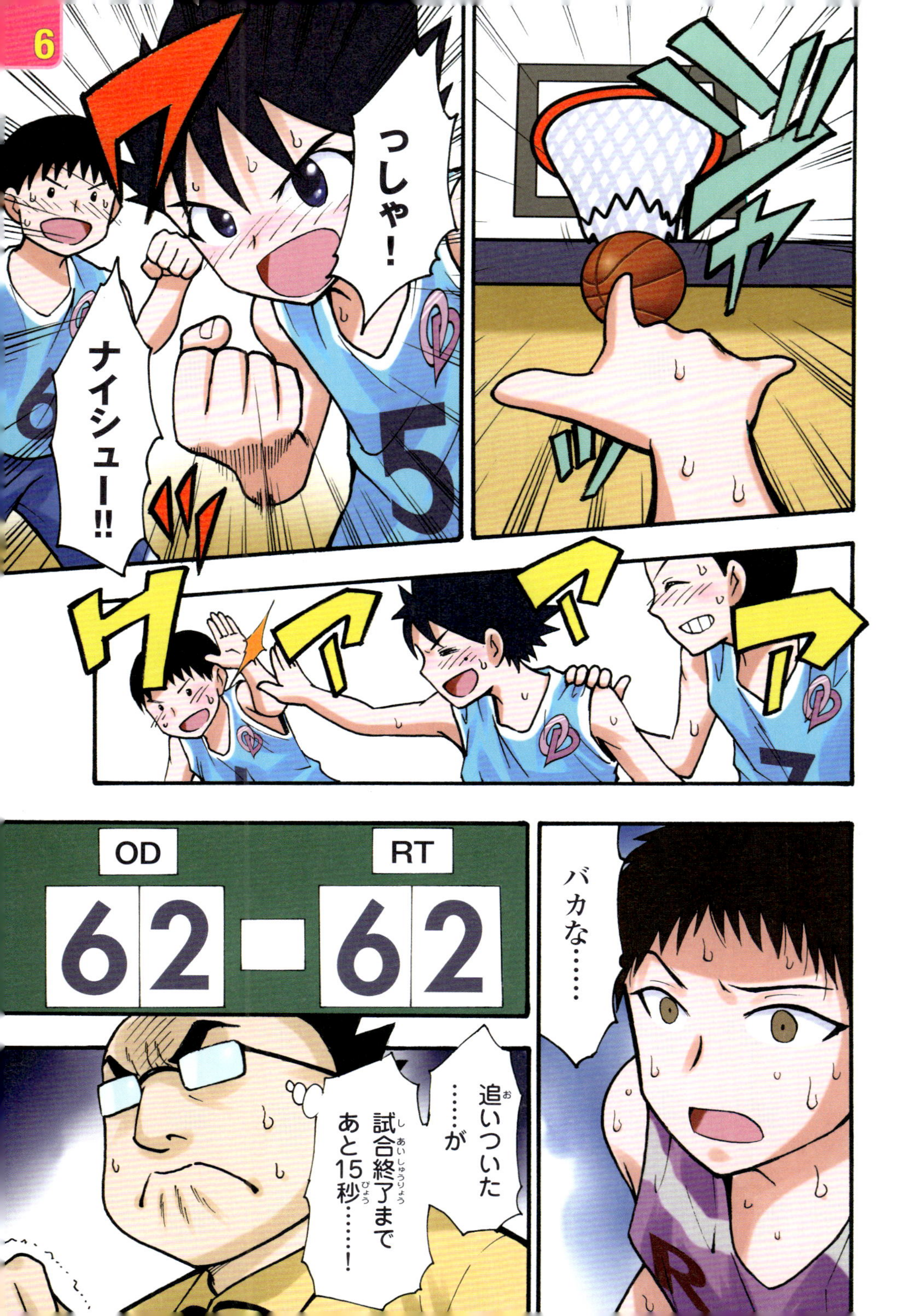
っしゃ!
ナイシュー!!
ワァアア
OD
62
RT
62
バカな……
追《お》いついた
……が
試合終了《しあいしゅうりょう》まで
あと15秒《びょう》……!

バスケっていうのは
オレひとりじゃ勝《か》てない
抜《ぬ》かせん!!
チームのために
オレがなにをすべきか
常《つね》に考《かん》えることが
大切《たいせつ》なんだ!
ダンッ
パシッ

6
パ……
パスだと!?
シュッ
はっ
はっ
ガッ
あああ
リバウンドっっ!

パート❻
テクニック編
1

打つと見せかけて抜《ぬ》く!

ゴール近くでパスを受けた瞬間《しゅんかん》に、シュートをねらう振り（フェイク）を見せてみよう。あわてた相手が間合《まあ》いをつめてきたら、ドリブルで一気《いっき》に抜《ぬ》いてシュートに持ちこむのだ。

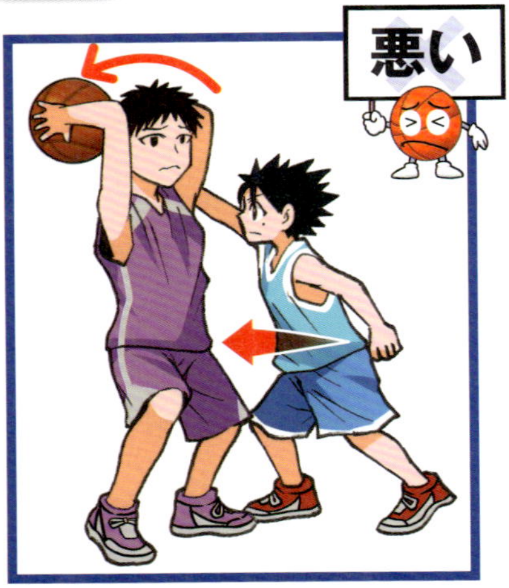

悪い

▲2でフェイクが大き過《す》ぎると、相手に間合《まあ》いをつめられてドリブルできない。

5
相手がもどる前に、シュートに持ちこむ。

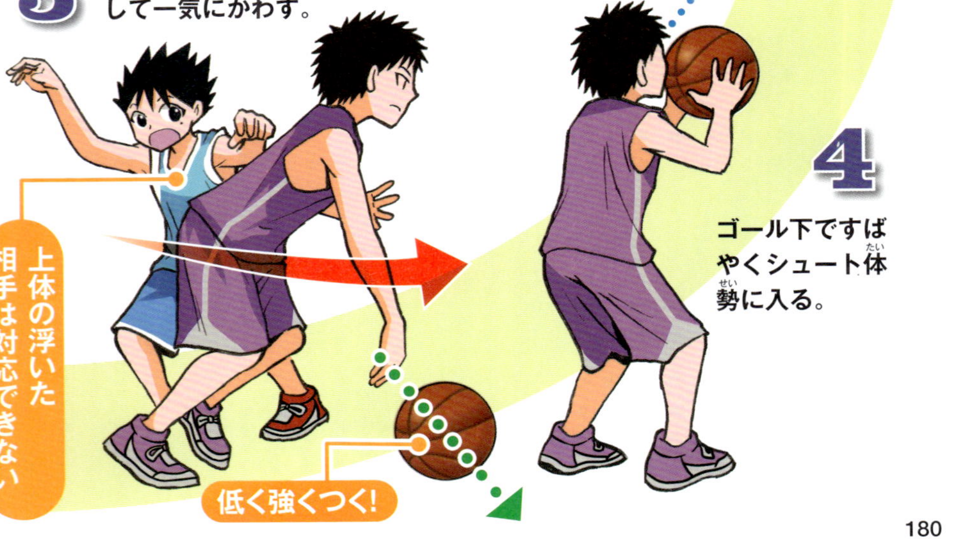

3
低い姿勢《しせい》でドリブルして一気《いっき》にかわす。
上体の浮いた相手は対応できない
低く強くつく!
4
ゴール下ですばやくシュート体《たい》勢《せい》に入る。

うまくなるコツ

低い姿勢《しせい》ですれすれを抜《ぬ》く

ドリブルで相手を確実《かくじつ》に抜《ぬ》くコツは、低い姿勢《しせい》で相手の横すれすれをすり抜《ぬ》けることだ。相手からはなれた状態《じょうたい》だと、かんたんにドリブルのコースに入られてしまうので注意《ちゅうい》しよう。

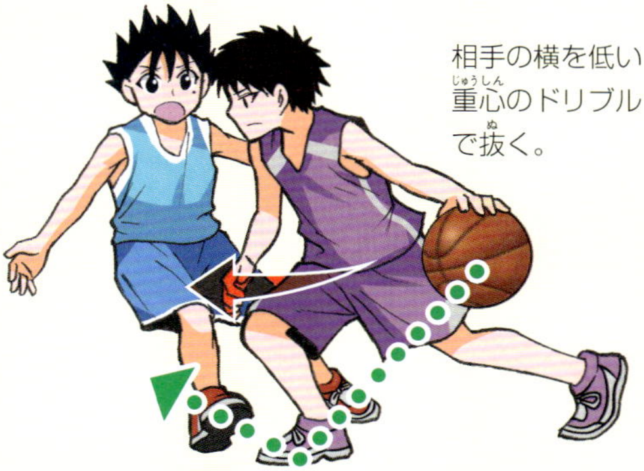

相手の横を低い重心《じゅうしん》のドリブルで抜《ぬ》く。

シュートフェイクからのドリブル

1 パスを受けたらすばやくゴールを確認《かくにん》する。

2 すばやくシュートを打つ振り（フェイク）をする。

相手がシュートチェックにくる

パート⑥
テクニック編

2 パスと見せかけて打つ!

ゴール下やゴール近くの味方《みかた》にパスしようとするとき、相手はとくにその動きに反応《はんのう》してくる。そこで、パスする動きをフェイクとして使い、相手のスキをついてシュートを打ってみよう。

●パスフェイクからのシュート①

1 ゴール近くの味《み》方《かた》を見ながら胸《むね》の前でボールを持つ。

味方も
本気で動く

2 チェストパスを出すフェイクを見せる。

ピタッ

うまくなるコツ 目線《めせん》や声もうまく使う

パスの動きだけでなく、目線《めせん》や味方《みかた》の声もうまく使うことで、相手とのかけ引きを有利《ゆうり》にしよう。

●パスフェイクからのシュート②

1

ゴール下の味方《みかた》を見ながらボールを頭の上まで持っていく。

2

オーバーヘッドパスを出すフェイク。

3

相手がつられたスキにシュートを打つ。

パート❻
テクニック編

3 スピードを変えて抜く！

ドリブルで相手を抜《ぬ》くには、ドリブルを遅《おそ》くしたり速《はや》くしたりするスピードの変化（チェンジ・オブ・ペース）がカギになる。相手がどう反応《はんのう》してくるかを見きわめ、相手の逆《ぎゃく》をついてかわそう。

体の動きも使うフェイク

ドリブルしながら一度後ろに体を引き、相手が引きつけられた瞬間《しゅんかん》にスピードアップする方法も試《ため》してみよう。

体を引いてわざと相手をさそうフェイク。

5 ゴール前に切りこんでフリーでシュートを打つ。

4 大きく足を踏《ふ》み出して相手を一《いっ》気《き》に引きはなす。

遠回りせず
真っすぐゴールへ！

●スピードを変化させるドリブル

1

まわりを見ながら、ゆっくりとドリブルをつく。

2

相手の反応《はんのう》を見て一気《いっき》に低い体勢《たいせい》に入る。

3

急《きゅう》にスピードを出して相手の横をすり抜《ぬ》ける。

相手が間合いをつめてきたらチャンス
低く強くボールをつく

パート⑥
テクニック編

4 くるりと回ってシュート!

ゴールを背《せ》にしてパスを受けたとき、シュートにいくにはターン（回転）する必要がある。軸足《じくあし》をはなさず体を回転させ、フリーフット（自由に動ける足）で大きく踏《ふ》み出そう。

●フロントターンからのシュート

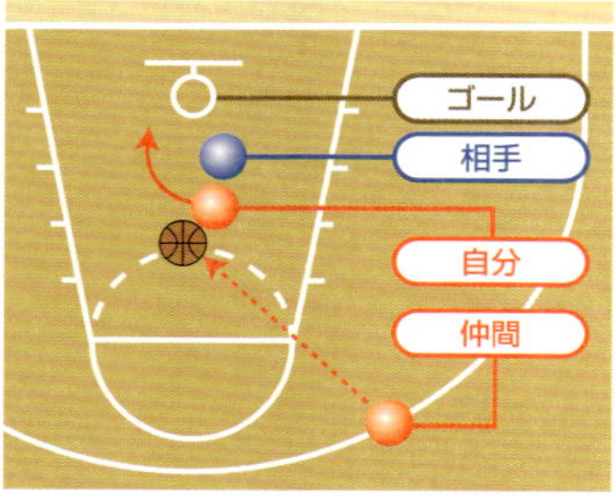
ゴール
相手
自分
仲間

背中側に相手とゴールがある状態《じょうたい》でパスを受けたときのテクニックだ。

1 ゴールと相手を背《せ》にしてパスを受ける。

目線などで左へ向かうフェイクを入れる

2 すばやく右へ切り返すターンを開始《かいし》する。

軸足
フリーフット

大きな1歩で相手からはなれる
軸足は動かさない

3 体を回転させながら左足を大きく踏《ふ》み出す。

4 左足を踏《ふ》みこんですぐにシュート体《たい》勢《せい》に入る。

5 相手のチェックが入る前にすばやくシュート。

うまくなるコツ

左右どちらにも動けるように

パスを受けるとき両足で着地《ちゃくち》するジャンプストップ（➡P126）を使えば、その後に左右どちらの足も軸足《じくあし》にできる。相手の位置によって軸足《じくあし》を決め、左右どちらからでもターンできるように練習しておこう。

両足で着地《ちゃくち》して相手の位置や動きを確認《かくにん》する。

パート⑥
テクニック編

5 相手をブロックして打つ!

ゴール近くで相手をブロックしながら打つテクニックがフックシュートだ。自分より身長の高い選手が相手でも、シュートチェックをかわして打てるので、ぜひマスターしよう。

練習してみよう!

片《かた》手《て》で打つ練習

腕を横にのばして片《かた》手《て》でシュートを打ち、左右の手で行ったり来たりをくり返そう。

3
逆の手で相手をブロック

高くジャンプして腕を横にのばす。

4
ボールをふわりと浮かせるイメージ

相手にブロックされないタイミングで手首を返して打つ。

うまくなるコツ 腕をスイングするイメージ

フックシュートは、腕をのばして頭の上あたりまでスイングするイメージで打ってみよう。また、ゴールまで直線的にねらうのではなく、ふわりと放物《ほうぶつ》線《せん》を描《えが》くような軌道《きどう》をイメージしながら打つことも大切だ。

円を描《えが》くように腕をスイングしてふわりと浮《う》かせる。

フックシュートの打ち方

1
大き目の1歩で踏み出す
2

ゴールに対して半身《はんみ》の体勢《たいせい》で1歩踏《ふ》み出す。

ゴールの位置を確認《かくにん》して足を踏《ふ》みこむ

パート❻
テクニック編
6

マークを外《はず》してパスを受ける!

相手選手のマークがきつくてパスのコースがないときは、自分から動いてパスを受けにいくことが大切だ。動くスピードと方向に変化を加《くわ》え、マークを外《はず》して確実《かくじつ》にパスを受けよう。

●方向転換《ほうこうてんかん》してパスを受ける

相手の反応《はんのう》が遅《おそ》いとき

このプレーの一番の目的は、方《ほう》向《こう》転《てん》換《かん》することではなく、フリーでパスをもらうこと。だからゴール前へ走りこんだときに相手の反応《はんのう》が遅《おそ》ければ、そのままゴール前でパスを受けてシュートしよう。

1 パスコースがないので一度ゴールの方向に走る。

マークがきつい…

2 相手がつられて動いたら急《きゅう》ブレーキをかける。

あっ!
フロアを強く蹴って方向を変える!

4

すばやくゴールを向いてフリーでジャンプシュートを打つ。

▲変化の少ない動きではマークを外《はず》せないので、スピードと動く方向の変化は大きく。

3

相手からはなれるように飛び出してパスを受ける。

パート⑥
テクニック編
7

ぶつかってからパスを受ける!

フリーでパスを受ける方法のひとつに、相手に一度ぶつかってから急《きゅう》に方向転換《ほうこうてんかん》して動くテクニックがある。ぶつかられた相手は一瞬《いっしゅん》体の動きが止まるので、そのスキをつこう。

うまくなるコツ オフ・ザ・ボールの動きを覚《おぼ》えよう

「オフ・ザ・ボールの動き」とは、「ボールを持っていないときの動き」のこと。試合中、ボールを持っている選手はただ1人だが、そのほかの選手がどのように動くかで勝敗《しょうはい》が決まるともいえる。つねに点にむすびつく動きを考えながら、チームプレーしよう。

5
相手からはなれて
パスを受ける。

4
相手が止まっている間に
ダッシュで飛び出して
ターゲットハンドを出す。
こっち!
ターゲットハンド
相手を背にすると
パスを受けやすくなる

●ぶつかってから方向転換《ほうこうてんかん》してパスを受ける

1 相手の反応《はんのう》を見ながらゴール方向に走る。

2 ゴール前をふさぎに来た相手とぶつかる。

3 ボールを持つ仲間《なかま》の方向にすばやくターンする。

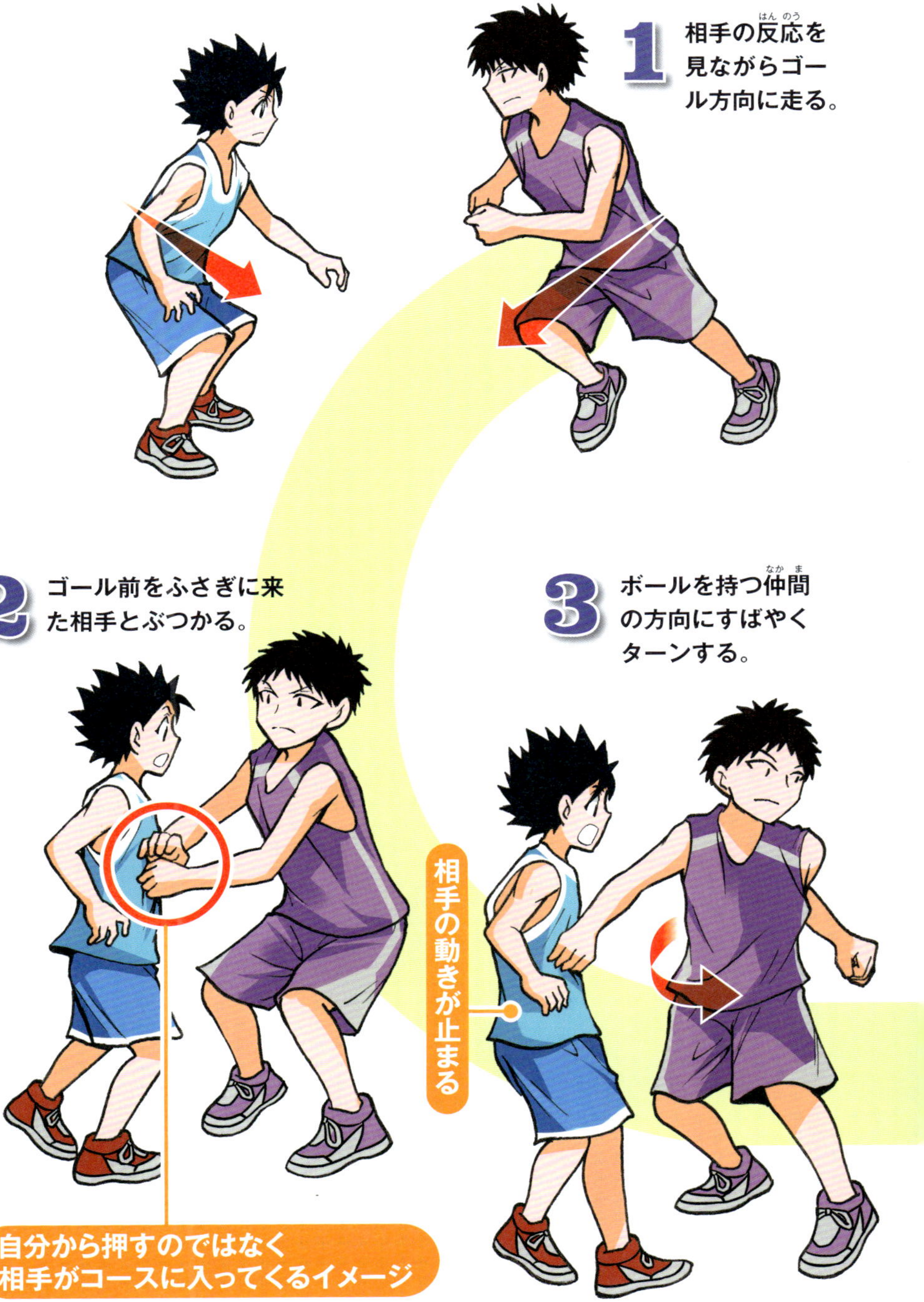
相手の動きが止まる
自分から押すのではなく
相手がコースに入ってくるイメージ

あの足《あし》の動《うご》きは
ピクッ
ダッ
こっちだ！

トップ選手
“子ども時代”の
練習法⑥

年上《としうえ》の兄と1対1で何度《なんど》も何度《なんど》も勝負《しょうぶ》！

ダンクシュートができる女子選手！

渡嘉敷来夢《とかしきらむ》

（JX-ENEOSサンフラワーズ）

私は小さいころ兄にくっついてまわっていたので、兄がする空手《からて》や野球《やきゅう》、水泳《すいえい》と、いろんなスポーツを経験《けいけん》しました。同じようにバスケットのクラブ活動《かつどう》もしていましたが、練習は週に1回と学校の休み時間だけでした。

練習は男女混合《だんじょこんごう》だったので、**私のライバルは男子でした。**ドリブルで男子に負けないように、レッグスルーなどの**フェイントをみがく練習**をよくしていました。

とにかく負《ま》けず嫌《ぎら》いだったので、家の前の壁《かべ》をゴールに見立てて、**兄と1対1の練習**をつづけていました。年上《としうえ》で男子ですから、抜《ぬ》かれてばかりです。でも、今思えばなんとなくだったのですが、相手の足の動きや重心《じゅうしん》のかけ方など、**よく観察《かんさつ》すれば抜《ぬ》かれにくくなったし、反対にこちらがボールを持っているときは、相手の逆《ぎゃく》をとることも可能《かのう》な**ことがわかってきたんです。

みんなも、もし自分が相手に抜《ぬ》かれることがあったら、なぜ抜《ぬ》かれたかをよく考えて、今度《こんど》は相手をじっくり観察《かんさつ》してみてほしいと思います。

パート 7

仲《なか》間《ま》と協《きょう》力《りょく》して勝《か》とう!

チームプレー編

ポイント

試《し》合《あい》では、チームとしてどのようにパスをつないで攻《こう》撃《げき》するのか、どんな役《やく》割《わり》をもって守《しゅ》備《び》をするのか考《かんが》えていくことが大《たい》切《せつ》だ。みんなで呼《こ》吸《きゅう》の合《あ》ったプレーができるように、意《い》識《しき》して練《れん》習《しゅう》していこう！

ガンッ
あああ！
外《はず》れた……！
リバウンドっっ!!

うおおおぉおぉおー!
うおおおおおッ!
はいれっ!!!

OD
64-62
RT
よっしゃああああ
ビ

ワアアアア
優《ゆう》勝《しょう》だっ!!
やったああ!
ゴッ

基本練習《きほんれんしゅう》をくり返《かえ》せばプレーの質《しつ》は確実《かくじつ》に上《あ》がる
それがどんな相手《あいて》にも絶対《ぜったい》に勝《か》てるっていう自信《じしん》になるんだな
それに仲間《なかま》の大事《だいじ》さや協力《きょうりょく》することの大切《たいせつ》さもわかった
だから安心《あんしん》してボールをあずけられるようになったんだ
やっとわかったの? 遅《おそ》いのよ
う……うっせー!

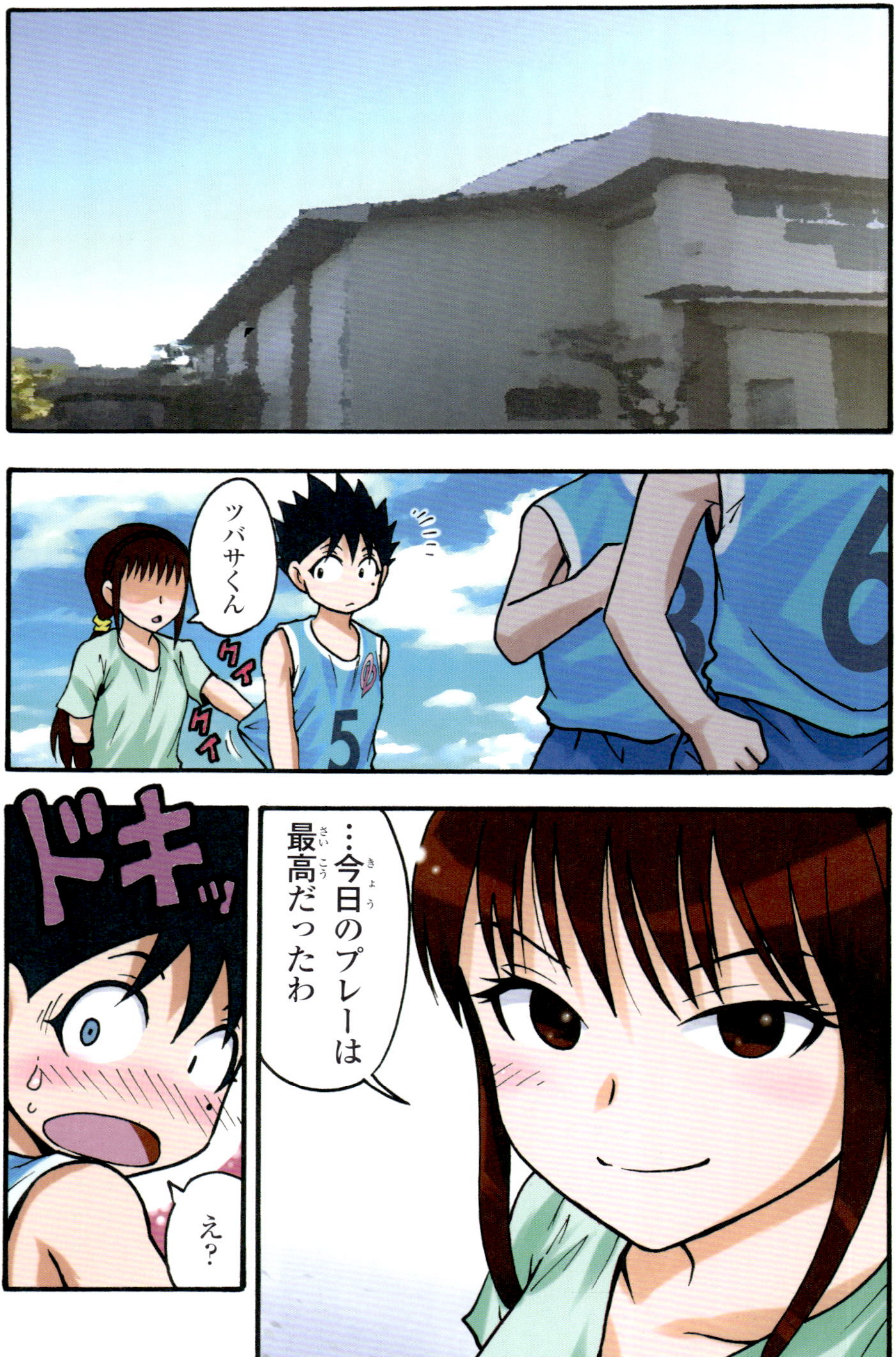
ツバサくん
クイ
クイ
…今日《きょう》のプレーは最高《さいこう》だったわ
ドキッ
え？

こんなに短《みじか》い間《あいだ》に自分《じぶん》の弱点《じゃくてん》を克服《こくふく》するなんて……
ステキよ
そ
それほどでも……!
よっしゃああああ――!!
イエス!
イエス!!
心の中
アイコちゃん!オレの魅力《みりょく》にやっと気《き》づいてくれたんだねぇぇぇ!
そうだ!
い……今《いま》しかない!

ギュッ
アイコちゃん！
じ 実《じつ》はオレ……
キミのことが……！

あっ
クボくん!
へっ!?
パッ
ちょ……
アイコちゃん
勝《か》ったの
オレだけど……!?
ガーン
アイコか
久《ひさ》しぶりだな
今日《きょう》のプレー
やっぱり
美《うつく》しかったわね!
オレはいつも通《どお》り
プレーしただけさ
ガルルルル

強《つよ》いな
ツバサ……
……
クボ
お前《まえ》こそ
あれ？ これって
男同士《おとこどうし》が肩《かた》を
抱《だ》き合《あ》っちゃう
感動《かんどう》のシーンかしら？
なーんて

言《い》うわけねぇだろ
バカやろう!!
うるせぇ!
こっちのセリフだ!
いいか! オレたちは1勝《しょう》1敗《ぱい》なんだ! 次《つぎ》こそが本当《ほんとう》の決着《けっちゃく》だからな!
お前《まえ》こそ試合《しあい》前《まえ》にビビってしょんべんもらすんじゃねぇぞ!
だいたいお前は…
お前の方こそ……
ポリ
ポリ
やっぱダメか
この関係《かんけい》はまだまだ続《つづ》くのね……

みんな！帰《かえ》って練習《れんしゅう》しようぜ！
次《つぎ》はレッドタイタンズに20点《てん》差《さ》つけてやる！
返事《へんじ》は!?
おっおう……
声《こえ》が小《ちい》さい！
おう!!
よっしゃ！ダッシュで帰《かえ》るぞ！
ええ～～!?
オレたちも次《つぎ》はリベンジだ！
おお！

次《つぎ》もオレたちが勝《か》つ！
でも……
今度《こんど》はオレたちが勝《か》つ！
でも……
お前《まえ》と戦《たたか》うのがすげぇ楽《たの》しみだ……！
終《お》わり（実技《じつぎ》のページは続《つづ》く！）

リバウンドからの速攻《そっこう》！

ボールをうばい、相手が守備にもどる前にすばやく攻撃して得点するプレーを「速攻《そっこう》」という。とくにリバウンドを取った後が速攻《そっこう》をくり出すチャンスなので、その流れをつかんでおこう。

●リバウンドからの速攻《そっこう》の例

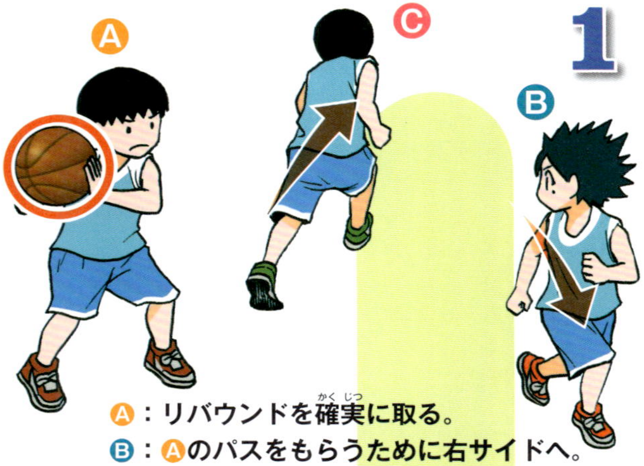

Ⓐ：リバウンドを確実《かくじつ》に取る。
Ⓑ：Ⓐのパスをもらうために右サイドへ。
Ⓒ：左サイドに向けてダッシュ。

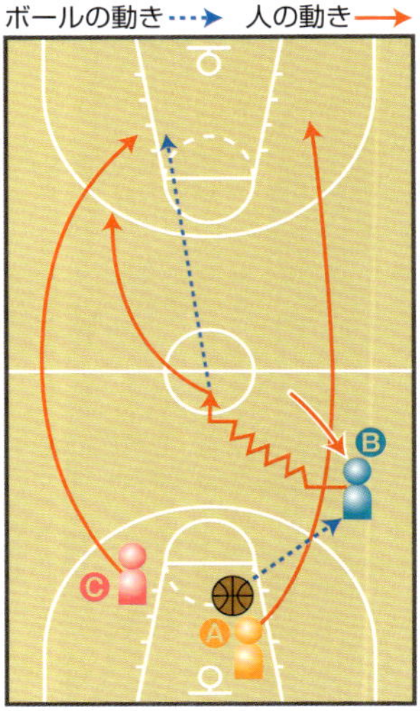

３人で中央と両サイドへ広がりながら攻撃する速攻《そっこう》だ。

うまくなるコツ　パスを工夫《くふう》する

速攻《そっこう》では、走る選手との距離《きょり》によってパスを使い分ける。片手や両手のロングパスや、ゴール前に走りこむ選手にはバウンズパスも使おう。

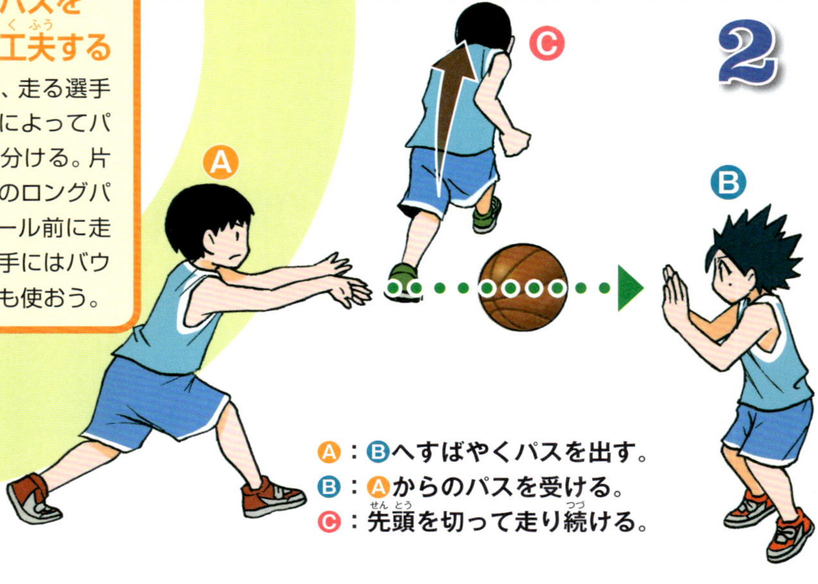

Ⓐ：Ⓑへすばやくパスを出す。
Ⓑ：Ⓐからのパスを受ける。
Ⓒ：先頭《せんとう》を切って走り続《つづ》ける。

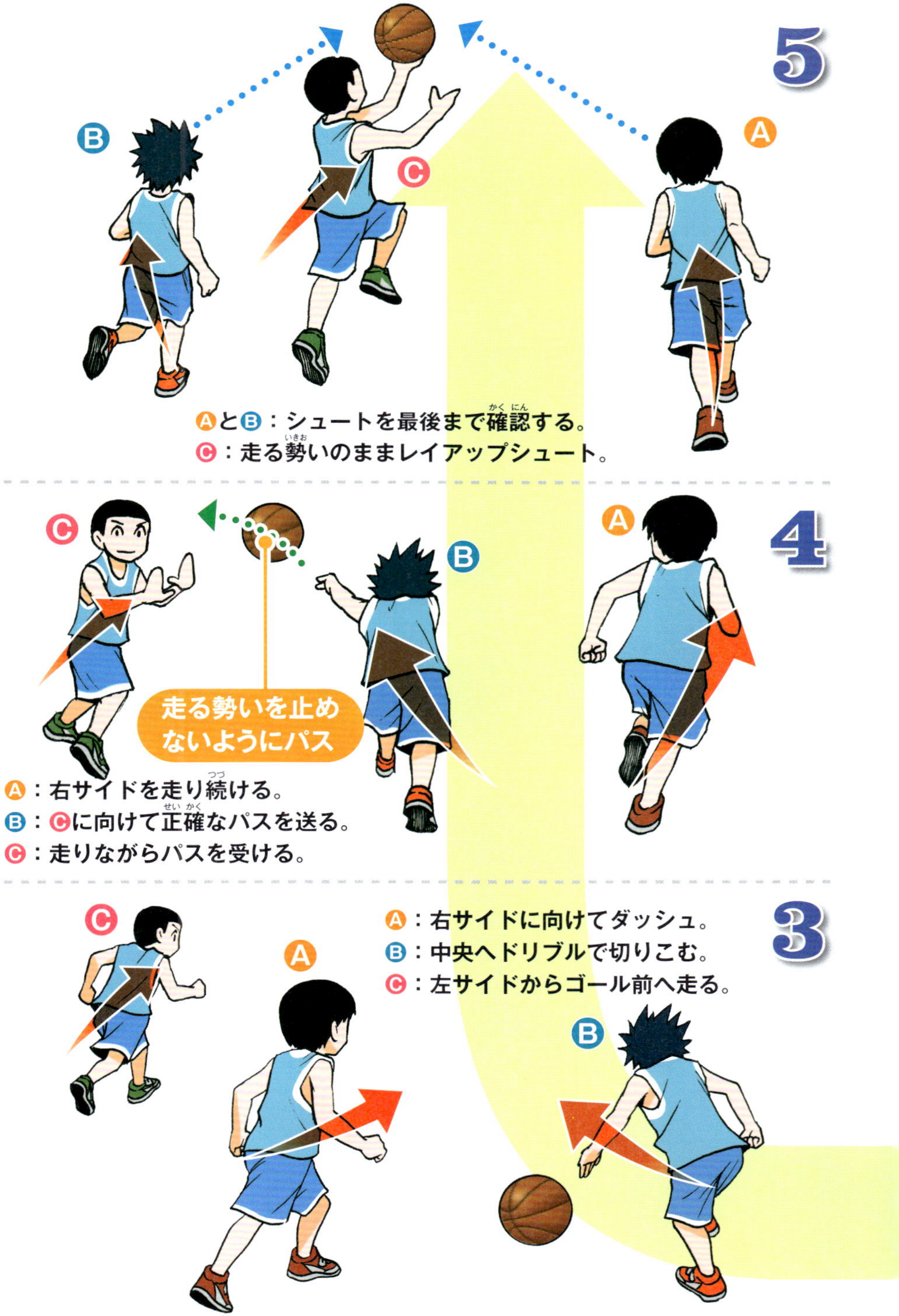
5
Ⓑ
Ⓒ
Ⓐ
4
Ⓒ
Ⓑ
Ⓐ
走る勢いを止めないようにパス
3
Ⓒ
Ⓐ
Ⓑ

Ⓐ とⒷ：シュートを最後まで確認《かくにん》する。
Ⓒ：走る勢《いきお》いのままレイアップシュート。

Ⓐ：右サイドを走り続《つづ》ける。
Ⓑ：Ⓒに向けて正確《せいかく》なパスを送る。
Ⓒ：走りながらパスを受ける。

Ⓐ：右サイドに向けてダッシュ。
Ⓑ：中央へドリブルで切りこむ。
Ⓒ：左サイドからゴール前へ走る。

2 パスをつないで点を取る!

きついマークでドリブルだけではゴール前まで突破《とっぱ》できないとき、パスアンドランのプレーを使ってみよう。仲間《なかま》へ一度パスを出し、走って再《ふたた》びボールを受けることで、チャンスをつくる技術だ。

3 マークを外《はず》してパスを受ける。

4 勢《いきお》いに乗ってレイアップシュートに持ちこむ。

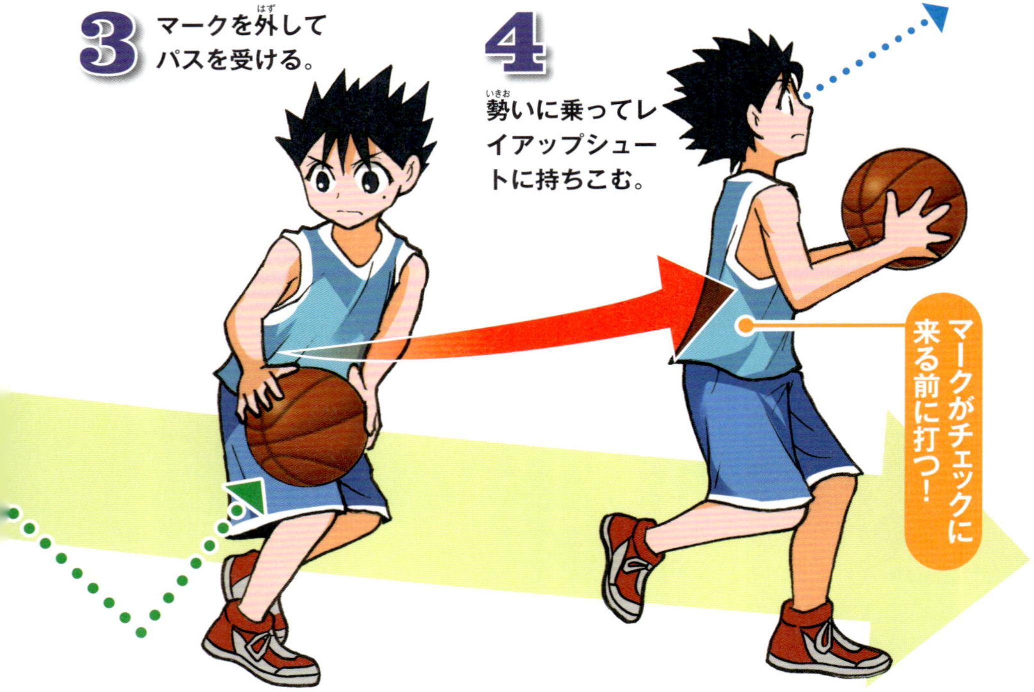
マークがチェックに
来る前に打つ!

3 味方《みかた》からパスを受ける。

4 ゴール前に走りこんでシュート。

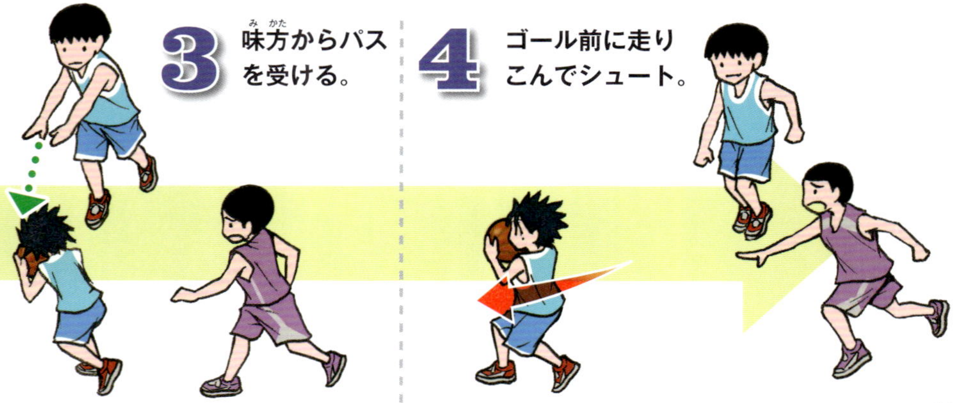

パスアンドランの動き方

1
マークがきついので味方に一度パスを出す。

2
マークの前を通りすぎるようにダッシュ。

うまくなるコツ ターゲットハンドを出す

走りながらのパス交換《こうかん》は、出す方も受ける方もタイミングや場所がむずかしい。自分がパスを受けたいところに手（ターゲットハンド）を出して、仲間《なかま》にパスする場所を教えてあげよう。

上から見たパスアンドラン

1 味方《みかた》にパスを出す。

2 走りながら手を出してパスを要求《ようきゅう》。

パート⑦ チームプレー編

3 連《れん》係《けい》プレーで仲《なか》間《ま》を生《い》かす!

チームの攻撃テクニックを増やすために「スクリーンプレー」に挑戦《ちょうせん》してみよう。ボールマンがフリーでシュートを打てるように、仲《なか》間《ま》が壁《かべ》となってマークをおさえこむテクニックだ。

●スクリーンプレー

スクリーナー（壁《かべ》をつくる選手）がボールマンのマークに対して壁《かべ》をつくる。ボールマンはフリーで飛び出してシュートを打つ。

うまくなるコツ ボールマンの動き方とスクリーナーの姿《し》勢《せい》

スクリーンプレーを成功《せいこう》させるコツは、ボールマンがスクリーナーの横すれすれを通ってドリブルすること。ふくらんで動くと、マークが壁《かべ》の横へ出て追いかけてくるので注意《ちゅうい》だ。またスクリーナーは相手がぶつかってきても倒《たお》れない姿勢《しせい》を心がけよう。

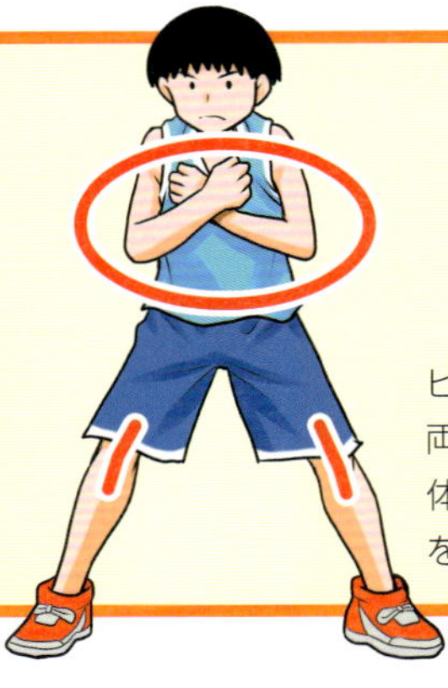

ヒザを曲げて両足を広げ、体の前で両手を交差《こうさ》させる。

●スクリーンプレーの流れ

1

2対2でシュートを打てない状況《じょうきょう》。

2

スクリーナーがボールマンのマークに近づく。

3

ボールマンは、自分のマークがスクリーナーにぶつかるようにドリブルする。

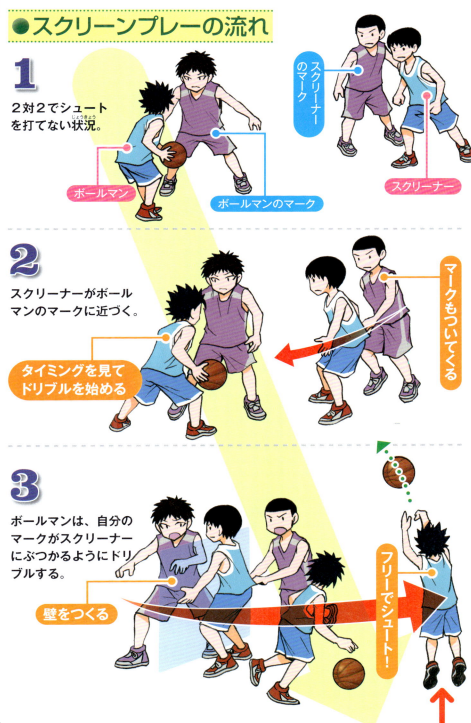

パート⑦
チームプレー編

4 チームディフェンスで守る!

ボールマンをマークしている選手だけが必死《ひっし》にディフェンスしても、相手の攻撃は止められない。そのほかの選手もパスコースを消《け》したり、ときには2人がかりで止めにいくなど、協力《きょうりょく》して守ろう。

●マークする相手にボールを渡《わた》さない

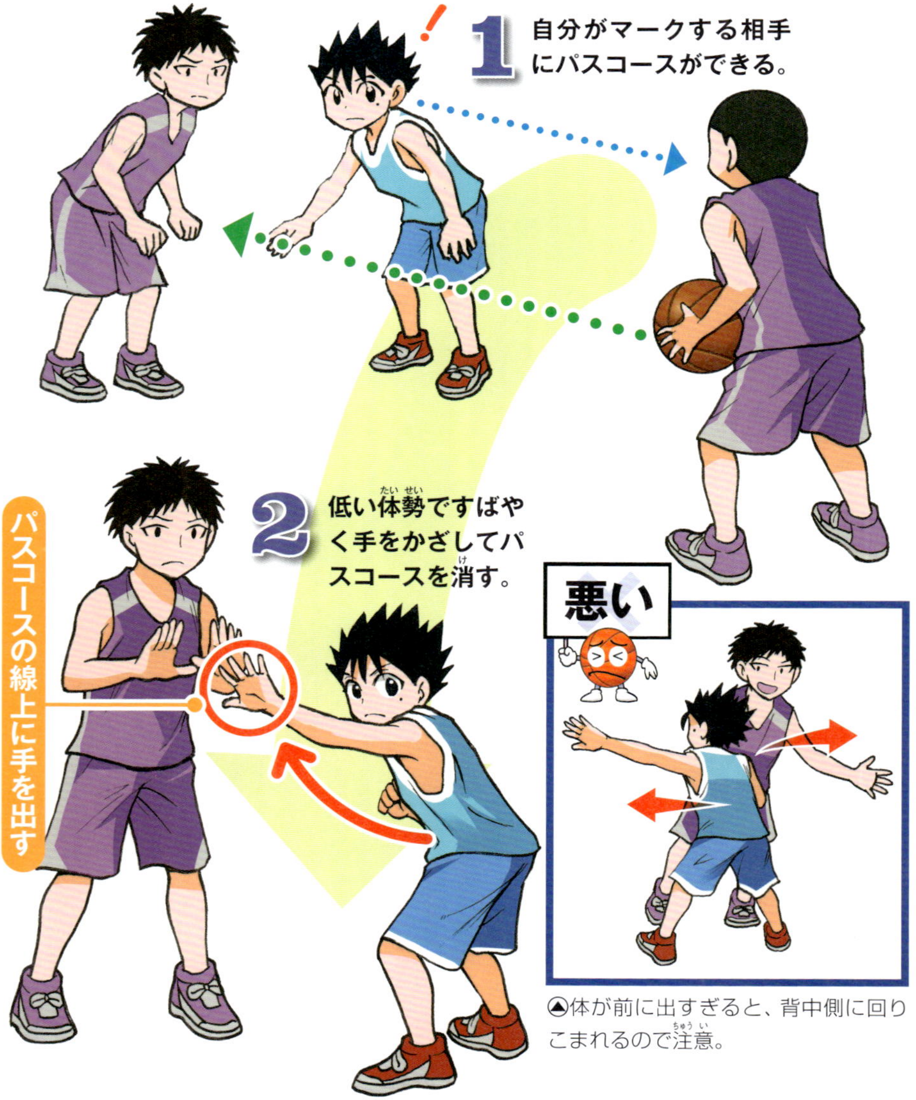
1 自分がマークする相手にパスコースができる。
2 低い体勢《たいせい》ですばやく手をかざしてパスコースを消《け》す。
パスコースの線上に手を出す
悪い

▲体が前に出すぎると、背中側に回りこまれるので注意《ちゅうい》。

●チームディフェンスの動き

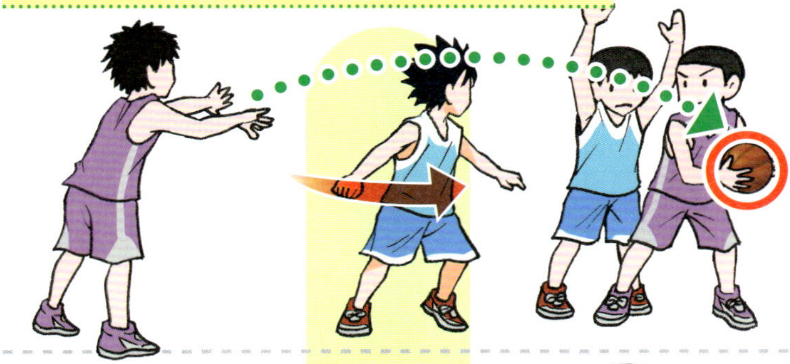

1

仲間《なかま》がマークする相手にパスが渡《わた》ったら助《たす》けに入る。

2

パスがもどったらすぐに自分のマークにもどる。

間合いをつめてプレッシャーをかける!

3

相手にシュート、パスをさせないように守る。

うまくなるコツ 制限区域《せいげんくいき》に入れさせない

チームディフェンスの目的は、ボールをうばうのではなく攻撃の時間をかけさせること。ボールマンを制限《せいげん》区域《くいき》の中に入れないように守れば、相手はかんたんにシュートができないはずだ。

シュート率《りつ》が高い制限区域《せいげんくいき》の中に、相手を入れさせない守備を目指《めざ》す。

トップ選手“子ども時代”の練習法⑦

5分以《い》内《ない》に20本！目《もく》標《ひょう》を決《き》めてシュート練習

僕《ぼく》がバスケットを始《はじ》めたのは小学校2年生のころです。バスケットをやりたい子どもが多かったので、学校がチームをつくってくれたんです。だから厳《きび》しい指導《しどう》ではなく、基本的な練習が多かったです。

当時《とうじ》、僕《ぼく》はまわりと比《くら》べても体が小さいほうだったので、ゴール下で戦《たたか》いながらシュートをねらうよりも、相手のチェックがゆるい**遠目《とおめ》からのシュート技術《ぎじゅつ》**をみがこうと思いました。小学生にはないですが、3ポイントラインのあたりからシュートを打ち、たとえば**30本決めるとか、20本を5分以内に決めるとか、自分でルールを決《き》めて練習**していました。何か**目標《もくひょう》を決《き》める**と、1本1本のシュートに集《しゅう》中《ちゅう》するので、上達《じょうたつ》が速《はや》かった気がします。

そうして練習をつづけていたら、高校で急《きゅう》に背《せ》が伸《の》びました。全国大会の出場経験《しゅつじょうけいけん》がない僕《ぼく》に、監督《かんとく》が「身長《しんちょう》があるのに細《こま》かいプレーができる。日本代表になれる」と言ってくれたのがうれしくて。それで今もバスケットをつづけることができています。

攻撃《こうげき》も守備《しゅび》も一流《いちりゅう》！ 期待《きたい》の若《わか》き点《てん》取《と》り屋《や》

田中大貴《たなかだいき》
（トヨタ自動車アルバルク東京）

バスケとミニバスケ よくあるファウルとルール違反《いはん》

ファウルとは、相手との接触《せっしょく》があるルール違反《いはん》のこと。また相手と接触《せっしょく》する以外で、プレー中のルール違反《いはん》のことをバイオレーションという。

ファウルをしたときの罰則《ばっそく》

中学生以上　ミニバスケ

シュートの動きに入っている相手へのファウルには、2個《こ》のフリースローが与《あた》えられる。また、ファウルを受けながらシュートが入れば、シュートの2点と1個《こ》のフリースローが与《あた》えられる。シュート以外《いがい》のファウルでは、一番近いラインからスローインで試合を再開《さいかい》する。

3ポイントシュートのとき

3個《こ》のフリースローが与《あた》えられる。シュートが入ったときには3点と1個《こ》のフリースロー。

ミニバスケでは3ポイントシュートがない。そのため、どのエリアでも罰《ばっ》則《そく》は変わらない。

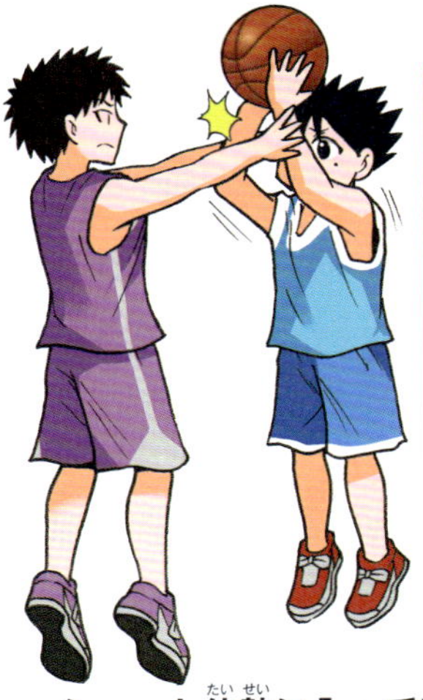

シュートのときのファウル

シュート体勢《たいせい》に入っている相手の動きをじゃましたり、手や腕をたたく行為《こうい》。

ドリブルのときのファウル

ドリブルしている相手をつかんだり、ぶつかったりする行為《こうい》。

リバウンドのときのファウル

ポジションどりがはげしいリバウンドのときに、相手を押《お》し倒《たお》すような行為《こうい》。

※本書に掲載されているルールは、2017年4月20日現在の情報にもとづいています。

オフェンス（攻撃）側のファウル

コースにディフェンス（守備）が先に入っているのに、オフェンスが無理にぶつかっていく行為《こうい》。

オーバータイムのバイオレーション

中学生以上	ミニバスケ
3秒ルール 相手チーム側の制限区域《せいげんくいき》に３秒以上いると相手ボールになる。	**3秒ルール** 相手チーム側の制限区域《せいげんくいき》に３秒以上いると相手ボールになる。
5秒ルール ボールを持ったまま５秒間何もしないと相手ボールになる。	**5秒ルール** ボールを持ったまま５秒間何もしないと相手ボールになる。
8秒ルール バックコート（自分たちが守るコート）からフロントコート（自分たちが攻めていくコート）へは８秒間以内に運《はこ》ばなければならない。	
24秒ルール 攻撃側のチームは、ボールを持ってから24秒以内にシュートしなければならない。	**30秒ルール** 攻撃側のチームは、ボールを持ってから30秒以内にシュートしなければならない。

ドリブルやパスのときのバイオレーション

ドリブルを一度止めてボールを持ち、さらにドリブルするとダブルドリブルで相手ボールになる。

ボールを持ったまま3歩以上歩くと、トラベリングで相手ボールになる。

うまくなるコツ　つまらないミスはぜったいにしない!

バイオレーションをすると相手チームにボールが移《うつ》る。たったひとつのミスでも、試合の勝敗《しょうはい》が左右《さゆう》することがあるので、しっかりと覚《おぼ》えておこう。

バスケとミニバスケ
ルールのおもな違《ちが》い

バスケットボールとミニバスケットボールでは、ルールに違《ちが》いがあるので、表《ひょう》を見てよく理解《りかい》しておこう。

	中高男子・一般男子	中高女子・一般女子	ミニバスケ
ボール	**7号球** 周囲《しゅうい》：74.9〜78㎝ 重さ：567〜650ｇ	**6号球** 周囲《しゅうい》：72.4〜73.7㎝ 重さ：510〜567ｇ	**5号球** 周囲《しゅうい》：69〜71㎝ 重さ：470〜500ｇ

	中学生以上	ミニバスケ
リングの高さ	床面《ゆかめん》からリングの上端《じょうたん》まで **305㎝**	床面《ゆかめん》からリングの上端《じょうたん》まで **260㎝**
チームのメンバー	**コーチ1人、選手5人、交代要員《こうたいよういん》7人以内**の12人まで試合に出場ができる。ただし、大会の規定《きてい》によっては12人を超《こ》えてもよい場合がある。必要に応《おう》じてアシスタントコーチを置《お》くこともできる。	**コーチ1人、選手5人、交代要員《こうたいよういん》5〜10人**を置《お》くことが可能。交代要員《こうたいよういん》のうち、5人は必《かなら》ず試合に出場しなければならない。

	中学生以上	ミニバスケ
競技時間	10分間（中学生は8分間）のクォーターを4回。クォーター間は2分。第2クォーターと第3クォーターの間のハーフタイムは10分間。 延長《えんちょう》の場合は、5分間（中学生は3分間）の延長《えんちょう》クォーターを規定《きてい》の回数行う。各延長《かくえんちょう》クォーターの前に2分間のインターバルを取る。	6分間のクォーターを4回。クォーター間は1分。第2クォーターと第3クォーターの間のハーフタイムは5分間。 延長《えんちょう》の場合は、3分間の延長《えんちょう》クォーターを規《き》定《てい》の回数行う。各延長《かくえんちょう》クォーターの前に2分間のインターバルを取る。
得点の種類	3ポイントラインより内側からのシュートは2点、外側からのシュートは3点。フリースローは1点。	3ポイントラインがないので、すべてのシュートは2点。フリースローは1点。
タイムアウト	1チームにつき、前半で2回、後半で3回（第4クォーターの最後の2分間では2回まで）、延長時《えんちょうじ》には1回使える。時間は60秒間。	1チームにつき、前半で1回、後半で1回、延《えん》長時《ちょうじ》には1回使える。時間は60秒間。
タイムアウトを取れるタイミング	**両チーム** ● 審判《しんばん》が笛《ふえ》を吹《ふ》いたとき ● ファウルやバイオレーション ● ジャンプボールや負傷《ふしょう》などによる中断時《ちゅうだんじ》 ● フリースローの最終投が成功した直後 ● アンスポーツマンライクファウルなどでフリースロー後にスローインする前 **得点されたチーム** フィールドゴール後	**両チーム** ● ファウルやバイオレーション ● ヘルドボール **得点されたチーム** フィールドゴール後
メンバーチェンジできるタイミング	**両チーム** ● 審判《しんばん》が笛《ふえ》を吹《ふ》いたとき ● ファウルやバイオレーション ● ジャンプボールや負傷《ふしょう》などによる中断時《ちゅうだんじ》 ● フリースローの最終投《さいしゅうとう》が成功《せいこう》した直後《ちょくご》 ● フリースロー後に、フリースローをしたチームがセンターラインからスローインを行う場合 **得点されたチーム** 第4クォーターもしくは延長時《えんちょうじ》の最後の2分間は、得点されたチームからメンバーチェンジを行うことができる。それを受けて相手チームもメンバーチェンジを行える。	**両チーム** ● クォーター間のインターバルかハーフタイム時 ● 第4クォーターもしくは延長時《えんちょうじ》にタイムアウトを取ったとき ● ケガや5ファウルによる退場時《たいじょうじ》
バックコートバイオレーション	一度フロントコート(自分たちが攻めていくコート）に進めたボールをバックコート（自分たちが守るコート）へもどすと、相手ボールになる。	

※「クォーター」は「ピリオド」と呼ばれることもある。

●マンガ原作 ―――― 岸 智志（スタジオ ライティングハイ）
●マンガ・イラスト ―― いわさわ正泰
●執筆協力 ―――― 渡辺淳二
●デザイン ―――― 芝 智之（スタジオダンク）
●ＤＴＰ ―――― 新榮企画
●取材協力・写真提供 ― アイシンシーホース三河　トヨタ自動車アルバルク東京
リンク栃木ブレックス　JX-ENEOS サンフラワーズ　WJBL
●編集協力 ―――― 関根 淳

※本書内の「トップ選手“子ども時代”の練習法」は、バスケットボール選手のみなさまに取材にご協力いただき構成しております。ご協力、誠にありがとうございました。

マンガでたのしくわかる！ バスケットボール

●編　者 ―――― 西東社編集部
●発行者 ―――― 若松 和紀
●発行所 ―――― 株式会社西東社《せいとうしゃ》
〒113-0034 東京都文京区湯島 2-3-13
電話　03-5800-3120（代）
URL　https://www.seitosha.co.jp/

ISBN978-4-7916-2452-2